INVEST LIKE A GURU

像大师一样投资

极简价值投资策略

How to Generate
Higher Returns at Reduced Risk
with Value Investing

〔美〕田测产 ◎ 著
Charlie Tian

李莉莎　叶碧松　张文阁　张琪 ◎ 译

北京大学出版社
PEKING UNIVERSITY PRESS

著作权合同登记号 图字：01-2017-6958

图书在版编目（CIP）数据

像大师一样投资：极简价值投资策略／（美）田测产（Charlie Tian）著；李莉莎等译.—北京：北京大学出版社，2018.9
ISBN 978-7-301-29856-5

Ⅰ.①像… Ⅱ.①田… ②李… Ⅲ.①投资—基本知识 Ⅳ.①F830.59

中国版本图书馆CIP数据核字(2018)第199046号

Invest Like a Guru: How to Generate Higher Returns at Reduced Risk with Value Investing
By Charlie Tian
ISBN: 978-1-119-36236-4
Copyright ©2017 by John Wiley & Sons, Inc.

All Rights Reserved. This translation published under license. Authorized translation from the English language edition, published by John Wiley & Sons. No part of this book may be reproduced in any form without the written permission of the original copyrights holder.
Copies of this book sold without a Wiley sticker on the cover are unauthorized and illegal.

本书中文简体字版专有翻译出版权由John Wiley & Sons, Inc.公司授予北京大学出版社。未经许可，不得以任何手段和形式复制或抄袭本书内容。
本书封底贴有Wiley防伪标签，无标签者不得销售。

书　　　名	像大师一样投资：极简价值投资策略 XIANG DASHI YIYANG TOUZI
著作责任者	〔美〕田测产（Charlie Tian）　著 李莉莎　叶碧松　张文阁　张琪　译
责任编辑	张　燕
标准书号	ISBN 978-7-301-29856-5
出版发行	北京大学出版社
地　　　址	北京市海淀区成府路205号　100871
网　　　址	http://www.pup.cn
电子信箱	em@pup.cn　QQ：552063295
新浪微博	@北京大学出版社　@北京大学出版社经管图书
电　　　话	邮购部010-62752015　发行部010-62750672　编辑部010-62752926
印　刷　者	三河市北燕印装有限公司
经　销　者	新华书店
	730毫米×1020毫米　16开　16.5印张　190千字 2018年9月第1版　2021年2月第2次印刷
定　　　价	45.00元

未经许可，不得以任何方式复制或抄袭本书之部分或全部内容。
版权所有，侵权必究
举报电话：010-62752024　电子信箱：fd@pup.pku.edu.cn
图书如有印装质量问题，请与出版部联系，电话：010-62756370

中文版序

价值投资理念适合中国股市吗？这几乎是我遇到的每个中国投资者都会问我的问题。在他们看来，中国股市的投资者不成熟，不按规则出牌，所以虽然价值投资在西方股市取得了好成绩，但在中国却行不通。这种想法让我想起以前听说过的一个笑话：一个练过武术的人败给了一个从没练过武术的人，抱怨说是因为那个没练过武术的人不按招式和套路来。

我讲一下我自己投资中国股市的经历吧！2013年GuruFocus网站开始提供中国股票数据。我觉得有了可以信任的数据和分析平台，同时觉得美国股市已经处于高位了，因此我开始在中国股市寻找投资目标。和在美国股市一样，我寻找那些能够长期盈利、利润率高、成长率中上、商业模型简单且历史证明这种模型可以持续的公司。我找到了茅台、五粮液、泸州老窖和张裕四家造酒公司。我虽然从来不喝白酒，对我来说茅台和二锅头没区别，入口都是辛辣似火，但这些公司的营收数据实在太诱人了：长期的高利润和高投资回报率，几乎不负债；都有长久的历史和广为人知的品牌；其商业模式似乎也没有任何外来威胁。这些公司就是我寻找的优质公司。

但是这些公司就真的完美，没有什么问题吗？当然不是。大家应该还记得，2013年起中国反腐风强劲，高端白酒市价大幅下滑，行业增长完全停滞。股市不再看好白酒市场，这些公司的股价大幅下跌。然而正是这种悲观的情绪给我带来了机会。由于股价下跌，五粮液的市盈率跌到6以下，茅台的市盈率跌到8，同时它们的股息率达到5%以上。几乎没有任何其他地方能找到以如此低价投资这种优质品牌公司的机会。它们当时面临的困难是问题吗？短期来说是的。但这些公司几乎没有债务，又在大把赚钱，它们一定能渡过难关，同时我有足够耐心等待它们渡过难关。我计划至少等十年。于是我于2013年下半年买入这些公司的股票。接下来的半年中，它们的股价继续下跌，我又陆续地买入更多。后来的发展令我惊讶——没过多长时间，茅台、五粮液、泸州老窖的股价均大幅上涨，并且在后来的几年里持续上涨。到现在为止，我一股也没有卖过，而且没有卖出计划，它们将是我的永久仓位。

现在回答前边的问题：价值投资理念适合中国股市吗？在我看来，价值投资理念不仅适合中国股市，而且比适合美国股市更适合中国股市。原因很简单，美国的价值投资界太拥挤了。几年前我去位于美国阿肯色州的钻石国家公园游玩。在这个公园，只要买张门票进去，每个人就可以自由地寻找钻石，找到的钻石归自己所有。进去后，我发现已经有许多人在埋头翻土寻找。我也按照头脑中钻石的模样仔细查看每一块小石头。最后当然是空手而归。出来的时候，我看到一些以前别人找到的钻石，发现其形状和我想象的钻石形状完全不同。这时候，我意识到至少有两个因素影响了我找到钻石的概率。第一是找钻石的人太多。许多人都在找，场地拥挤，我所找的地方已经被许多人翻过好多遍了，找到钻石的概率当然下降。第二是我辨识钻石的能力不足。如果我没有这种能力，就是遇到钻石我也会视而不见。同样的道理，美国市场就是有太多的价值投资者，众多的价值投资者追逐好的长期投资。即使股市上有好的价值股，也很快被发现，价格就被哄抬上去了。而中国股市上因为长期的价值投资者相对比较少，所以你更容易找到好的长期投资。当然前提是你知道什么是好的长期投资，以及如何寻找。

和中国投资者接触，我发现他们的一个常用词是"博弈"。对他们来说，股市是博弈，其他投资者都是对手。许多人甚至引入《孙子兵法》、佛法道学以战胜对手。"兵来将挡，水来土掩。"事实上，如果投资者只着眼短期，股市的确是零和博弈，你必须从其他投资者手里赢钱。这样的短期博弈就往往是"以物喜,以己悲"。但如果看长期，投资者则可以和公司共同成长。如果有人喜欢找对手博弈，就让他们去做吧！而作为长期投资者，我更愿意坐收渔翁之利。读过金庸的《笑傲江湖》的人都知道，以无招胜有招是武术的最高境界。作为长期价值投资者，我更愿意不战而屈人之兵，和公司共同成长。

我写《像大师一样投资》的初衷是想把自己多年来学到的知识、经验和教训分享给我的孩子们，让他们知道如何寻找和辨别股市中的"钻石"，少犯错误，以比较小的风险获得更高的回报。令我欣慰的是，今年暑假，我正在上大学的女儿读完了我的书，并且开始投资股市。

我希望你也能从这本书中受益。

这本书我以英文写出，目前已经被翻译成日文、韩文和繁体中文，分别在日本、韩国和中国台湾地区出版。我很荣幸简体中文版由我母校的出版社北京大学出版社出版。我1985年进入北大学物理，直到1996年离开，我的青春年华几乎都在北大度过，对母校有很深的感情。在这里我要再次感谢我的母校，同时感谢北大出版社的孙晔副社长和林君秀女士的大

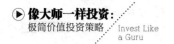

力支持。责任编辑张燕女士认真负责、一丝不苟的工作态度给我留下了很深的印象,非常感谢她!

本书的翻译工作由在芝加哥的Ronin资本公司的李莉莎,在达拉斯的同为北大1985级校友的叶碧松,在西雅图的北大2005级校友、西雅书院GK商学院创始人张文阁,以及在北京的张琪共同完成。李莉莎负责了全书的校对工作。对他们的感谢之情,无以言表!

田测产

2018年7月27日

致 谢

首先我要感谢我太太杨蕾，感谢她多年来的照顾和陪伴。感谢父母在我一生中给予的鼓励和信任。感谢我儿子查尔斯，他12岁时编程写出了第一个版本的GuruFocus折现现金流计算器；我女儿田丝丝，看她的足球比赛是我最大的享受；还有我的小儿子田大力，他给我带来无穷的乐趣和满足。

感谢李冬、Holly LaFon、David Goodloe、袁晓玉和其他GuruFocus的同仁，是他们让GuruFocus日臻完美。

感谢40多万个GuruFocus用户和1.8万多名会员在过去12年中持续的反馈和建议。在他们的帮助下，GuruFocus.com越来越实用、专业。

我对于沃伦·巴菲特（Warren Buffett）和彼得·林奇（Peter Lynch）的感激之情无以言表，尽管他们可能永远都不会知道。是他们的教诲释放了我的潜能，并引领我在生命中达到新的高度。我也很感谢美国，这片伟大的土地让我有机会实现我的梦想。同时感谢我的母校北京大学，就读11年间受到的严格训练，使我具备了跨领域快速学习的能力。

感谢那些让我有机会与他们交谈、对他们进行采访的投资大师们，包括Fairfax Financial的Prem Watsa，Chou Associates的Francis Chou，Formula Investing的Joel Greenblatt，Gardner and Russo的Tom Russo，Yacktman Asset Management的Don Yacktman和Jason Subotky，Auxier Capital的Jeff Auxier，Markel Corp.的Tom Gayer，等等。

感谢Erin McKnight和Jennifer Afflerbach两位女士对本书的编辑和校对。感谢好友及北大校友陈丽博士和狄雯华博士对初稿的意见和建议。

目·录
CONTENTS

导　论 // 1

第一章　投资大师们 // 13
彼得·林奇 // 14
沃伦·巴菲特 // 24
唐纳德·雅克曼 // 33

第二章　深度价值投资和它的内在问题 // 43
深度价值投资 // 44
深度价值投资的内在问题 // 55

第三章　只投资优质公司！// 63
什么是优质公司 // 65
管　理 // 87
财务实力 // 88
估　值 // 90

第四章 再次强调，只投资优质公司——以及何处寻找优质公司 // 93

资产处理型 // 95

反转型 // 96

周期型 // 99

慢速增长型 // 101

稳健增长型 // 102

快速增长型 // 103

不同行业的周期性 // 105

摘星揽月与瓮中捉鳖 // 113

第五章 以合理价格投资优质公司 // 118

现金流折现模型 // 120

增长率 // 123

增长阶段和终值阶段的年限 // 125

贴现率 // 130

剩余现金 // 132

利润与自由现金流 // 132

安全边际 // 134

第六章 投资优质公司：对照这个清单 // 146

以合理价格投资优质公司的清单 // 148

警告信号 // 150

积极信号 // 161

第七章　失败、错误和价值陷阱 // 167

那些错误的公司 // 168

价值陷阱 // 178

期权、保证金借贷和做空 // 183

第八章　被动投资组合、现金比例及投资组合表现 // 188

一篮子优质公司 // 190

股息收入投资 // 194

手握现金 // 196

并购套利 // 197

如何审视投资策略的表现 // 199

第九章　如何为公司估值 // 202

估值比率 // 203

计算内在价值 // 220

回报率 // 229

第十章　市场周期与估值 // 233

长期而言，股市总会上涨 // 234

股市有自己的周期 // 235

市场估值 // 237

对未来市场回报的预计 // 240

内部人士交易走势 // 244

后　记 // 250

导 论

在来美国之前，我从来没有想到自己会很快卷入一波股市狂潮，并因此彻底改变了我的职业生涯。我喜欢物理，长期致力于物理研究，并期望自己有一天会成为一位物理学教授。在此之前，我与股票市场没有任何交集。

1998年的夏天非常热，这即使在夏天一贯炎热的得克萨斯州也属罕见。我来到得克萨斯农工大学（Texas A&M University）工作，进入的领域也是当时的一个热点：光纤与激光。当时互联网和电信行业正在快速扩张，任何与互联网技术大潮相关的领域都炙手可热，光纤通信行业更是如火如荼。

那时我已经在北京大学获得激光光学物理博士学位。我非常兴奋地进入拥有无限潜能的光纤通信领域，市场对像我这样的人才需求强劲。不到两年，我加入了一家即将上市的光纤通信公司。公司业务快速膨胀，大规模地扩张办公用地，并新增了几百个工程师。最能吸引人才来到这家公司的就是公司发行的股票期权。那时我还不知道股票期权是什么，我只知道它可以使人一夜暴富。

所有的人都在讨论股票和股票期权。我也在想:"还有这么好的能赚大钱的事!我也要买股票,而且就买光纤股票。"

我觉得我买光纤股票有优势。毕竟我在激光和光纤行业工作多年,已经发表了多篇研究论文,并且最终获得了32项光纤通信专利。我很了解光纤通信的工作原理和通信系统。我还熟悉很多光纤领域的公司,在工作中我们会用到它们的很多产品。这些产品的市场需求巨大。互联网流量在急速增长,对互联网带宽和光纤网络的需求预计会每年增长10倍。基于这些乐观的预测,全球通道(Global Crossing)公司在越洋铺设光纤;世界通信公司(WorldCom)正在进行一个令人兴奋的兆兆字节挑战赛,就是将每秒兆兆字节的带宽压缩到一根光纤中。客户对通信带宽的需求永无止境,似乎会永远按照指数级增长。

华尔街股票分析师信誓旦旦地说,在这样一个万亿级市场,不会有输家,光纤公司的股价有望在3个月内翻番。而且事实上确实是这样,每一个光纤公司上市后股价都很快翻番了。

于是我也开始了疯狂"购物"之旅。2000年,我买了诸如新聚焦(New Focus)、光联通信(Oplink)、康宁(Corning)等公司的股票。康宁是光纤股中的老兵,同时也掌握了制造光纤的新技法,正在生产那些用于光纤网络中的光缆。这些股票果然不负众望,它们迅速翻番并持续上涨。康宁股票涨势强劲,而且还1拆3。真是太棒了!

但是,几年后我才意识到,我真正幸运的是那时候没有多少钱去买股票。

血　浴

狂欢本来就很短暂，而我又入场太晚。

在我还没意识到的时候，危机已经来到我工作的公司。2000年年底，公司已经悄然解雇了合同工和临时工。事实上，我们最大的客户世界通信公司和全球通道公司自身正面临更大的危机，它们已经停止购买设备了。

"9·11"事件后，所有的一切都戛然而止。我们公司与上一年相比收入下降了80%，而世界通信公司也已经濒临破产边缘。公司所有的新产品研发都停止了，并开始无情地裁员。不到两年的时间里，我们公司已经裁掉了75%的员工，而且公司自己也朝不保夕。像我这样能留在公司的员工，都为保有一份工作而感到庆幸。再也没有人讨论股票期权了，公司的上市计划也被永久搁置。

我买的那些光纤公司的股票怎么样了呢？从图0.1中可以看到从2000年1月到2002年年底康宁的股价变化。我在2000年1月时以每股40美元左右的价格买入（经过拆分调整后的股价），在大约9个月的时间里，股价涨了近三倍，达到每股110美元，随后开始下跌。在这段时间里，我并没有卖出，觉得仍然有可观的账面利得。当然，它也从来没有急转直下。那些上下波动总是给我希望，我一直跟自己说："它一定能涨回来。"2001年，关于电信行业的坏消息潮水般涌入，股价加速下跌。到2001年中期，我已经亏掉了一半，随后乘着过山车一路跌到底。

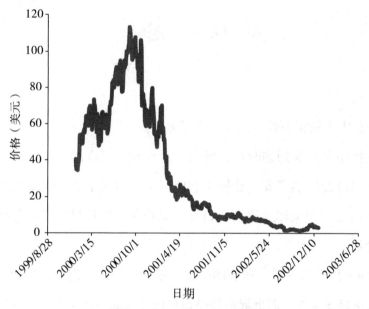

图0.1　康宁的股票价格曲线

我所购入的光联通信的股票的情况则更糟糕。我在该公司上市的时候买入它们，盼望着它们能像华尔街股票分析师预测的一样，3个月翻番。但这从来没有成为现实。光联通信的股价从来就没高过上市时的发行价。当然，它也有波动，也同样给我带来希望。

我每次看自己的股票账户时都感到痛心疾首，于是我停止查看账户，转而开始阅读彼得·林奇的《战胜华尔街》（Beating the Street）[1]。我慢慢意识到那些光纤类股票的投资完全都是错误的，因此在2002年第四季度，我认栽了，并以亏损90%以上的价格卖掉了所有股票。其实当时股市已经触底，股票又成了一个相当好的投资选择。我会在第二章中作些解读。

纳斯达克指数重返2000年的高点整整用了15年的时间。而直到

2016年7月，虽然过去了16年，但道·琼斯通信指数仍然徘徊在2000年高点的一半左右。

一个行业经历了从繁荣到毁灭的过程，泡沫最终还是破灭了。后来我才学到，类似这样的繁荣-毁灭周期已经在历史上重复了很多次。

泡　　沫

在《金融狂热潮简史》（*A Short History of Financial Euphoria*）[2]这本书中，经济学家约翰·肯尼斯·加尔布雷斯（John Kenneth Galbraith）教授，分析了从17世纪前十年以来的各种投机泡沫。他提到人们的金融记忆"臭名昭著地短"，他认为泡沫的产生源自人们的投机需求，而又恰逢新兴事物的出现以及大量杠杆资金的涌入。

马克·吐温（Mark Twain）说："历史虽不重复，但却是相似的。"其实光纤泡沫也是如此，它不过就是曾经发生的泡沫的另一个版本而已。

第一个有记录的经济泡沫是发生在17世纪30年代的"荷兰郁金香狂热"。在其高峰期，一个普通的郁金香球茎的价格相当于当时一个技工多年的收入。人们卖房子、卖地去投机郁金香市场。另一个历史纪录级的泡沫发生在南海公司股票。这家公司成立于18世纪早期，承担了英格兰政府的战争债务，也因此被授权独家垄断经营南海贸易。投资人喜欢垄断权，而南海公司的股价也开始飙升。就像所有的泡沫一样，高的股价催生了更高的股价，甚至连大物理学家牛顿也没能在投机中幸免。1720年,牛顿在南海公司投资了少量的资金;几个月之后,他以三倍的价格卖出了股票。但南海公司的股价持续上涨,甚至以更快的速度上涨。当牛顿看到朋友迅速暴富时,他开始懊悔自己卖早了,于是他以三倍于前期售价的价格全仓买入。股价在接下来的时间仍然持续上涨,但随之崩盘。1720年年末,牛顿出售了所有持股,并承受了巨额损失。整场"剧目"持续了不到半年,牛顿损失了2万英镑,这也是他毕生的积蓄。

人类历史中最聪明的人之一——牛顿,都难以逃脱泡沫带来的崩盘。他受掉落到头顶的一只苹果的启迪,创建了经典物理的全部理论,但却不能战胜贪婪与恐惧的情绪。多年后他写道:"我可以计算出星体的运动,但不能计算出人类的疯狂。"[3]

当我读到物理学鼻祖像我一样在股票泡沫中折戟沉沙时,我不禁莞尔,似乎也感觉好了很多。

在贪婪、新生事物、过剩资金、滥用杠杆这些方面,光纤通信泡沫与历史上的其他泡沫并无二致。在光纤通信泡沫中,互联网的爆发式增长使投资者感到光纤网络的需求会爆发,行业机会无穷,足以使人一夜暴富。因此大量资金投入光纤网络。像世界通信和全球通道这样的公司开始大量借钱投资于光纤网络建设,它们到处铺设光缆,建设光纤网络,而这也带动了对光网设备的需求。对于光网设备供应商,如北电(Nortel)、阿尔卡特(Alcatel)以及我的老东家,业务也开始呈爆发式增长。这些供应商感到产品需求强劲后,在开发、生产上纷纷投入巨资,于是又连锁带动了对光学零部件的需求。最终,在硅谷雨后春笋般地涌现了成百上千家光学元器件企业。

资金是无限的。一个PPT路演就能带来成百上千万美元级的资金投入，创业计划就可以启动了。2001年我去加州参加光纤通信大会，成堆的免费礼物任你来拿。参展公司给每一个经过它们展台的人分发各种精美玩具。这一切发生于2001年3月，纳斯达克指数已经跌掉了60%，但光纤企业依旧在狂欢。

与没有任何销售额的互联网企业不同，光纤企业有一定销售额。光联通信在2001年虽然亏损了2 500万美元，但实现了1.31亿美元的销售额。然而，市场对于带宽的增长需求远没有想象的那么快。过度投资以及大量像我一样的人涌入通信科技创新洪流，带来的结果是产能远远超过了互联网的流量需求。过剩的产能以及重复的基础设施建设带来了数据传输成本的大幅下降。现在我们能在单一光纤中挤压出更大的数据传输能力，而且生产和铺设的光缆也越来越多。数据传输的价格崩塌，97%的已铺设光缆从未被用过。世界通信和全球通道发现自己无能力偿还借款，申请破产。地基塌陷，整个行业崩盘。到2002年，光联通信的收入已经下降了70%以上，跌至3 700万美元，并亏损7 500万美元。我的前东家损失了80%的收入。在接下来的一年，很多通信设备公司破产。这个行业再也没有恢复过来，就像当年的郁金香球茎一样。

你可能在想，人应该从过去的泡沫中吸取教训，但实际上新泡沫的出现从未间断。在泡沫扩张的过程中，有四类重复登台的参与者：

大众股民：他们是市场的新人，对新的想法非常兴奋。他们看到朋友、周围邻居抓住契机实现一夜暴富，也就迫不及待地跳进去了。我就是其中之一，牛顿也是。牛顿虽然是那个时代公认的最聪明的人之一，但在股票市场他就跟普罗大众一样，是个新人。

聪明人：这些人已经意识到事情正在变糟，但他们认为自己能知道泡沫什么时候破灭——有能力跟进到高点，并早于大家逃顶。正如沃伦·巴菲特在2007年给股东的信中提到的，在2000年年初的互联网泡沫破灭之后，硅谷有一种非常流行的保险杠贴纸，上面写着"上帝呀，再来一次泡沫吧！"不久之后，他们就真的遇到了。而这一次是房地产泡沫，大家都知道后来发生了什么。[4]

做空者：他们知道事情在变糟，知道眼下正经历的疯狂不可持续，知道股票被严重高估。所以他们先借入股票并卖空，希冀在更低的价格买入，或者企业破产根本不用买入。但他们的痛苦也就由此开始了。股价一路走高，做空者在这个过程中损失越来越大。正如经济学家约翰·凯恩斯（John Keynes）所指出的："市场处于非理性状态的时间可能远远长于你我具备偿付能力的时间。"而这也发生在一位最为著名的金融大鳄——乔治·索罗斯（George Soros），这个曾经把英格兰银行搞垮的人身上。1999年年初，索罗斯的基金开始重注对赌互联网股票。他看到了泡沫成型，而且也知道互联网的疯狂将万劫不复。但由于互联网股票持续疯狂，他的基金到1999年年中就已经损失了20%。尽管他知道，互联网泡沫终将破灭，但他还是停止了做空，买回了他做空的股票。而这还不够。在业绩压力之下，他放弃了他所认为的应该做的交易，开始变成了泡沫的参与者：成为被迫的买方。

被迫的买方：很多专业投资人是被迫参与到泡沫中的，很多时候是因为实现短期利得的压力。如果不参与到这种大趋势中，他们就会看起来落伍，颜面尽失，甚至丢掉客户。在停止了做空互联网股票，同时也感到自己下不了手买这些股票之后，索罗斯就雇用其他人来为他做这件事情。他的投资组合中也就充满了他所憎恶的互联网股票。

不仅如此，这些新人还开始卖空传统经济股票，而且确实有效。到1999年年底，索罗斯看到他的基金一路回升，并在1999年以增长35%而告终。问题就出现在接下来的几个月，索罗斯所预测的泡沫真的发生了，他再次发现自己彻底选错了大方向。

那些认识到泡沫，并决定彻底远离而等待机会的投资人，才是真正聪明的投资者。但他们活得并不容易，尤其是如果他们在管理着别人的钱——股神巴菲特被认为"失去了魔力"[5]。对冲基金传奇人物朱利安·罗伯森（Julian Robertson）主动远离互联网股票，但他却被投资人抛弃。当投资人撤回资金，他被迫解散基金之时，泡沫开始见顶，并走向破灭。唐纳德·雅克曼（Donald Yacktman），一位最为理性的价值投资者，他的基金出现了90%的赎回。基金的董事会希望他退出，经过一场委托权之争他才得以继续留在以自己名字命名的基金里。史蒂文·罗米克（Steven Romick），FPA Crescent 基金公司的一位优秀年轻基金经理，相对幸运一些，他的基金85%的份额被赎回。"没跑的那15%大概是忘掉了还有钱在我的基金里"，他很幸运地保住了他的基金经理的位置。[6]

只有那些即使在最艰难的时候，还能够坚守自己投资理念的人，才是真正的投资大师。在互联网与光纤泡沫破灭之后，我开始大量阅读这些大师的作品。他们的教诲彻底改变了我对商业和投资的看法，也让我成为更好的投资人。

GuruFocus.com

我不记得自己是什么时候听说彼得·林奇的名字,但通过彼得·林奇的作品[7],我知道了沃伦·巴菲特,以及其导师本杰明·格雷厄姆(Benjamin Graham)。后来,我通读了巴菲特过去50多年来写给股东和合伙人的信。

读完的感觉,是一种极度兴奋之后的精疲力尽,就像一个饥饿难耐的人刚刚享受完他人生中的第一次大餐。我想,这就是投资的正确途径!

我意识到,成功的投资是与知识和努力相关联的,它是一个终生学习的过程,没有其他秘诀。只有通过不断学习,才能在投资决策中建立信心。知识和信心可以帮助我们理性、独立地思考,尤其是在市场焦虑和疯狂的时候,更需要理性和独立思考。令人欣慰的是,只要你愿意学习,你就会变得更好。

2004年的圣诞节假期,GuruFocus.com上线。我开始通过GuruFocus.com来分享我的学习心得。而实际上,在这个过程中,我从GuruFocus的用户中学到的东西,可能超过了我所分享给他们的。这种愉悦简直无法描述。当然,学习的过程并不轻松。我每天只睡3个小时,早上4点起床,工作4小时,8点吃早饭,然后去我的光纤公司上班。晚上6点钟回到家,立即又投入到GuruFocus的工作中。我喜欢周末和假期,因为我可以不间断地工作。

2007年，我辞掉了全职工作，把所有的时间和精力放在了网站上。我也逐渐组建了一个团队，包括软件开发人员、编辑、数据分析师来为GuruFocus工作。我们开发了很多的筛选工具，并增加了很多投资组合、行业信息、公司财务等数据到GuruFocus中。我建立这些筛选和评估工具最初是为了做好我自己的投资。基于那些资深用户的反馈，我不断地改善。这套工具现在已经成为我在投资决策中唯一使用的工具。

这些年来，我一直用自己的资金投资股市。难免会犯错，也在不断地吸取教训。一路走来，我勤勉学习，慢慢进步。我相信，我已经成为一个更好的投资人。我感到我有很多的经验和教训可以跟我的孩子们分享，也希望他们不要犯同样的错误。也许他们将来不会从事投资类的工作，但我仍然希望他们在管理自己的金钱时，能用正确的方法——这也正是我要写这本书的原因。我希望，那些即使没有太多投资方面知识储备的人们，也能从中受益。

这本书分为三个部分。第一部分集中讨论怎样找到那些高收益而低风险的公司；第二部分介绍如何评估公司，如何找到公司中的问题，以及如何避免错误；第三部分讨论股票估值、整体市场估值方法及收益。书中用到了很多简单易用且真实的案例。

本章注释

[1] Peter Lynch with John Rothschild, *Beating the Street,* Simon & Schuster paperbacks, New York, 1993.

[2] John Kenneth Galbraith, *A Short History of Financial Euphoria,* Penguin Books, 1990.

[3] John O'Farrell, *An Utterly Impartial History of Britain—Or 2000 Years of Upper Class Idiots in Charge,* Doubleday, 2007.

[4] Warren Buffett, Berkshire Hathaway shareholder letter, 2007, http://www.berkshirehathaway.com/letters/2007ltr.pdf

[5] Andrew Bary, "What's Wrong, Warren?" Barron's, 1999, http://www.barrons.com/articles/SB945992010127068546

[6] Steven Romick, "Don't Be Surprised—Speech to CFA Society of Chicago," June 2015, http://www.fpafunds.com/docs/specialcommentaries/cfa-society-of-chicago-june-2015-final1.pdf?sfvrsn=2

[7] Peter Lynch with John Rothschild, *One Up on Wall* Street, Simon & Schuster paperbacks, New York, 1998.

第一章

投资大师们

01

> "那些持续学习的人们将有不断向上的人生。"
>
> ——查理·芒格[1]

经历了互联网泡沫破灭和股市崩盘的痛苦,我意识到自己对股票一无所知,也因此开启了个人股票投资的学习之旅。在接下来的几年中,我开始寻找并学习最优秀的投资人的一切资料,阅读他们的著作、季报、年报,以及相关的文章和采访,同时通过观察他们的投资组合来研究其投资理念。从2004年起我开始在GuruFocus.com分享学习心得,也有许多投资者来网站分享他们的学习心得,这样让我学到了更多。我发现:投资其实是可以后天习得的,而成为一个更好的投资者并没有什么窍门;你需要不断学习,向最好的人学习,在错误中不断提高——从别人的错误中学习,但更多地是从自己的错误中学习,而且你需要非常地努力。

对我的投资哲学影响最大的投资大师是彼得·林奇、沃伦·巴菲特、唐纳德·雅克曼和霍华德·马克斯(Howard Marks)。林奇、巴菲特和雅克曼教我如何思考行业、公司和股票,马克斯对于市场周期和风险的思考让我受益匪浅。本章中我将分享我对大师们的一些重要观点的体会。

彼得·林奇

彼得·林奇是使我受益最深的选股大师。这位具有传奇色彩的富达共同基金经理在13年时间里投资了数千家公司,平均年回报率达29%。他的畅销书籍《战胜华尔街》(*Beating the Street*)[2]和《彼得·林奇的成功投资》(*One Up on Wall Street*)[3]是我读过的第一批书,这些书帮助我建立了投资知识的基础。我一遍又一遍地读这些书,每次都觉得获益良多。我将会用一些林奇自己的话来解释他的投资要点。

利润、利润、利润

公司的利润以及与利润相比股价的高低,是决定股票良莠的关键。虽然新闻每日头条中关于美联储失业率、每周就业报告、欧洲正发生的事件等会影响股价,但从长远来看,这种新闻噪声的影响都被消除掉了。林奇写道[4]:

> 人们可能想知道日本人在做什么,韩国人在做什么,但最终是收益决定股票的命运。在股市上,人们可能会赌每小时内股价的波动,但长期来看,真正决定股价波动的是公司的盈利能力。

林奇把公司分为六种类型：

- 快速成长型
- 稳健增长型
- 慢速增长型
- 周期型
- 反转型
- 资产处置型

除了资产处置型，其他几类均以公司盈利能力为分类依据。快速增长型是每年利润以20%以上的速度增长；稳健增长型是每年利润以10%以上的速度增长；慢速增长型是每年利润以个位数增长；周期型是利润呈现明显周期性波动；反转型是已经止亏，并开始转向盈利。

对于林奇来说，除非标的公司是资产处置型，否则利润、利润增长以及与利润相关的估值比率是在投资之前首先要考虑的因素。所有这些信息都可以在标的公司的利润表中找到。了解到这一点之后，我回头检查了我所购买的光纤公司的利润。如下是我在光联通信（Oplink Communications）2001年年度报告中发现的[5]：

> 自1995年成立以来，我们遭受重大亏损，并且预计未来仍将继续亏损。截至2001年、2000年、1999年6月30日财政年度，我们分别发生净亏损8 040万美元、2 490万美元及350万美元。

公司一直在亏损，而且预计未来将亏损更多，那股票怎么可能会好呢？通过简单地查看公司的经营性盈亏，投资者就不会买入像光联通信这样的股票，也就可以避免犯许多巨大的错误。

我马上把这个经验应用到我的投资实践中。我居住的小区后面的广场有一家星巴克（Starbucks），紧挨着星巴克有一家百视通（Blockbuster）。我决定在两者之间判断一下哪家公司的股票可以买。2001年10月，我多次光临这两家商店，观察它们的业务和客流量，并将其作为我研究的一部分。这也是林奇采用的方法。然而，仅仅通过光临两家商店并不能看到二者的差异。两家商店似乎都有不错的客流量，也都有不错的销售数字表现。我绝对无法预见有一天百视通会被网飞（Netflix）干掉。两家公司的差别就在于林奇的"利润、利润、利润"。星巴克一直是利润满满，并且每年的利润增长率都在30%以上，而1996年到2000年的五年里，百视通有四年是亏损的。此外，星巴克几乎没有债务，资产负债表比百视通稳健得多。

这下投资决策也就变得很简单明了，2001年10月我买了星巴克的股票。后来我在2003年3月卖出，实现了65%的增值利得。随着我了解得越来越多，我意识到星巴克是一个快速增长型公司，这类公司我应该永远都不卖。

由于利润是衡量公司盈利能力的最重要指标，所以利润率较高的公司优于利润率低的公司；而利润率不断上升的公司也优于利润率不断下降的公司。因此，毫无疑问，林奇优先选择那些拥有较高利润率的公司，而不是较低利润率的公司。[6]

"没债务的公司就不会破产"

如果"利润、利润、利润"是衡量公司盈利能力的标准，那么林奇下面这句话就是指公司的财务实力，这反映在公司的资产负债表上。

公司的债务水平是衡量财务实力最重要的因素。一家公司如果不能偿还债务，即使可能拥有很多有价值的资产，也会破产。公司的债务水平与其商业特质有关，也与其运营能力相关。对于不需要大量资本来推动增长的公司来说，累积巨大债务负担的可能性就很小。穆迪（Moody's）就是这样一家公司。这家信用评级机构是巴菲特最喜欢的公司之一。还有一些公司在运营中需要大量资本投资，因此被认为是资本密集型和重资产型公司，比如矿业公司和水电公用事业公司。

根据不同公司的负债情况，我们可以将其分为四个等级（A–D）：

A. 无债务型

这种类型的公司没有债务或债务微乎其微。墨西哥烧烤快餐店（Chipotle Mexican Grill）就是这样一个例子。墨西哥烧烤的利润每年增长30%，不产生任何债务。表1.1显示了墨西哥烧烤2011—2015年的资产负债表中的相关科目。

表1.1 墨西哥烧烤的资产负债表相关科目

（单位：百万美元）

财报期	2011	2012	2013	2014	2015
现金、现金等价物以及有价证券	456	472	578	758	663
一年内到期的长期负债	0.133	0	0	0	0
长期负债	3.5	0	0	0	0

墨西哥烧烤的利润增长主要来自新市场扩张。像墨西哥烧烤这样的快速增长型公司的主要风险来自扩张太快，需要融资来支持增长。显然，墨西哥烧烤不是这样。如果能以合理的价格购买，这只股票的投资风险很低。我将在第五章讨论什么是合理的价格。

B. 有一定的负债但可以通过现有现金或经营现金流来偿付

大多数公司在资产负债表上都有一定程度的负债。有些公司的债务水平低于其现金水平，可以轻松偿还，例如测试和测量设备制造商安捷伦科技公司（Agilent Technologies）。表1.2显示了该公司资产负债表和损益表中的相关科目。

表1.2 安捷伦科技公司的资产负债表和损益表相关科目

（单位：百万美元）

财务年度	2006	2007	2008	2009	2010	2011	2012	2013	2014	2015
现金	2 262	1 826	1 429	2 493	2 649	3 527	2 351	2 675	2 218	2 003
一年内到期的长期债务	0	0	0	1	1 501	253	250	0	0	0
长期债务	1 500	2 087	2 125	2 904	2 190	1 932	2 112	2 699	1 663	1 655
收入	4 973	5 420	5 774	4 481	5 444	6 615	6 858	6 782	6 981	4 038
经营利润	464	584	795	47	566	1 071	1 119	951	831	522
净利息收入	109	81	-10	-59	-76	-72	-92	-100	-104	-59

安捷伦确实有债务。事实上，截至2015年10月，它有16.55亿美元的债务。但它也有超过20亿美元的现金。原则上它可以用现金清偿所有的债务。公司过去的经营业绩进一步证实，该公司财务状况良好。我们可以看到，即使在2008年和2009年的经济衰退期，公司也可以轻松地利用其经营收入来偿还债务。就公司偿债能力方面，投资者大可放心。

一些公司可能没有足够的现金来偿还其债务，但是它们的经营性现金流可以非常轻松地偿还债务。汽车地带（AutoZone）就是这样一个例子。如表1.3所示，汽车地带一直都有比现金更多的债务，但是公司可以很容易地偿还债务。因为无论在好的还是坏的市场环境下，其经营利润都比债务利息高出许多倍。虽然对于投资者来说这不是一个最理想的资产负债表，但似乎也没有必要担心公司的财务状况。

表1.3 汽车地带的资产负债表和损益表相关科目

（单位：百万美元）

财务年度	2006	2007	2008	2009	2010	2011	2012	2013	2014	2015
现金	92	87	242	93	98	98	103	142	124	175
一年内到期的长期债务	0	16	0	0	48	34	80	206	217	41
长期债务	1 857	1 936	2 250	2 727	2 882	3 318	3 718	4 013	4 142	4 625
收入	5 948	6 170	6 523	6 817	7 363	8 073	8 604	9 148	9 475	10 187
经营利润	1 010	1 055	1 124	1 176	1 319	1 495	1 629	1 773	1 830	1 953
净利息收入	−108	−119	−117	−142	−159	−171	−176	−185	−168	−150

仔细观察可以发现，该公司一直使用经营产生的现金流回购股份，从而降低了公司的现金余额。

C. 低利息保障倍数

虽然我喜欢吃唐恩都乐（Dunkin' Donuts）的甜甜圈，但我不喜欢其资产负债表。公司的债务远远高于现金。虽然汽车地带也是如此，但唐恩都乐的债务利息比经营利润高出很多。在2009年的困难时期，唐恩都乐的利息支出消耗了其一半以上的经营利润。

表1.4是唐恩都乐的资产负债表和损益表中的相关科目。

表1.4　唐恩都乐的资产负债表和损益表相关科目

（单位：百万美元）

财务年度	2009	2010	2011	2012	2013	2014	2015
现金	0	134	247	253	257	208	260
一年内到期的长期债务	0	13	15	27	5	4	26
长期债务	0	1 852	1 458	1 831	1 826	1 803	2 428
收入	538	577	628	658	714	749	811
经营利润	185	194	205	239	305	339	320
净利息收入	−115	−113	−104	−73	−80	−68	−96

说明一下，公司的利息保障倍数是指其经营利润与其利息支出的比例。对唐恩都乐来说，2015财年该公司的经营利润为3.2亿美元，利息费用为9 600万美元。因此，该公司的利息保障倍数为320/96 = 3.3倍。

对于持有拥有该类资产负债表的公司的股票，谨慎的投资者应该会感到不安。利息保障倍数超过10意味着经营利润是债务利息支出的10倍以上，这表明公司可以很容易地偿还债务。如果再来一次迟早会发生的经济衰退或利率上升，唐恩都乐的利润将大幅下降。在极端的情况下，公司甚至可能无法偿还债务。唐恩都乐是一个资产负债表薄弱、资金实力相对较差的例子。

D. 无法偿还债务

资产负债表较弱的公司经不起糟糕的外部环境的考验，要么濒临破产，要么已经破产。沙岭能源（SandRidge Energy）就是这样一个案例。该公司的资产负债表上总是负债累累，现金却少得可怜。汽车地带总有足以支付利息的经营性现金流，而相比之下，沙岭能源从来没有足够的经营利润来偿还其债务利息，即使在油价达到历史最高点的黄金时期。2015年石油价格崩溃后，公司在运营中损失了巨额资金，无法偿还债务，于2016年5月申请破产。

表1.5显示了沙岭能源的资产负债表和损益表中的相关科目。

表1.5 沙岭能源的资产负债表和损益表相关科目

（单位：百万美元）

财务年度	2006	2007	2008	2009	2010	2011	2012	2013	2014	2015
现金	39	63	1	8	6	208	310	815	181	436
一年内到期的长期债务	26	15	17	12	7	1	0	0	0	0
长期债务	1 041	1 052	2 359	2 581	2 902	2 826	4 301	3 195	3 195	3 632
收入	388	677	1 182	591	932	1 415	2 731	1 983	1 559	769
经营利润	37	187	−1 338	−1 605	−7	429	325	−169	590	−4 643
净利息收入	−16	−112	−143	−185	−247	−237	−303	−270	−244	−321

投资者应该尽量避免债务过多的公司。沙岭能源鼎盛时期的市值高达120亿美元，但是如果沙岭能源股东能看一下公司的资产负债表以及利润（想想林奇说的"利润、利润、利润"），那么他们就可以避免损失。我只对那些经营利润为其债务利息的至少十倍的公司感到放心。无论年景好坏，这样的公司都会让人觉得安心。

同样，林奇说，没有债务的公司就不会破产。光联通信公司，就是我在科技泡沫期间买入的小光纤公司，在上市后的10年（2000—2009年）中有9年是亏损的，又经历了两次经济衰退，但都存活了下来，只是因为它没有债务。这个公司后来被Koch Optics以4.45亿美元收购。当时该公司现金4 000万美元，无债务，销售已经增长到2.07亿美

元,但仍然几乎没有盈利。而电信市场中较大的公司,如北电、世通以及全球通道,早已不复存在了,因为债务太多了!

公司的债务水平与其商业特质和运营能力相关——一些公司生而不凡。这也引出了林奇的第三个观点:

寻找到傻瓜都能做好的公司

林奇的原话如下:

> 寻找到傻瓜都能做好的公司,因为迟早可能会有一个傻瓜来运营这家公司。[7]

有两种类型的公司,傻瓜都可以运营。一种是产品简单而且运营简单。其增长计划就是卖出去更多的产品,而且能在更多地方重复同样的事情。不需要深刻的洞察力和知识来做出产品和商业决策。林奇在《彼得·林奇的成功投资》中说[8]:

> 如果您能了解基础业务,那么就能更轻松地了解这家公司的来龙去脉。这就是为什么我宁愿投资连裤袜也不愿意投资通信卫星,宁愿投资汽车旅馆也不愿意投资光纤。东西越简单,我就越喜欢。有人说:"傻瓜都能做好这家公司。"对我来说这种情况更加分,因为迟早可能会有一个傻瓜来运营这家公司。

来看一下黑莓手机公司,在2008年,这个公司仍占有美国将近50%的智能手机市场份额,然而几个错误的产品决策和缓慢的执行导致其市场份额荡然无存。这种公司需要神仙来运营，才能和像苹果、谷歌这样的由天才运营的公司相抗衡。

另一种任何傻瓜都能运营的业务，是拥有强大竞争优势的业务。竞争优势能为管理失误提供保护网，并为公司纠错留下足够的时间和空间。麦当劳犯过很多错误，例如对客户变化的口味和需求反应迟钝，菜单冗长，从而带来更差的用户体验等。从2013年到2015年的三年间，麦当劳在餐饮业务最重要的指标——同店销售——持续出现下滑。它在短短几年内，换了若干位CEO（首席执行官），而且看起来都不对路。后来，麦当劳于2015年10月推出全天早餐，并对菜单做出调整。同店销售在2016年1月份飙升，股价上涨至历史新高。早在2007年，黑莓手机公司和麦当劳的市值都是600亿美元左右。管理的失误导致黑莓手机公司失去了其90%的总市值；而同样面对管理失误考验的麦当劳的市值已经超过1 000亿美元。

再看穆迪，巴菲特最喜欢持股的公司之一。信贷和债券评级市场由穆迪与标准普尔两家寡头垄断。在21世纪第一个10年的房地产泡沫期间，穆迪作为评级机构滥用权力，将实际上有极大风险的不动产抵押贷款证券评为AAA级。该公司对房地产危机负有部分责任，也影响到了其可信度。房地产危机之后，美国和欧洲政府通过新的政策，将债券发行人推向较小的竞争对手，并希望借此来限制标准普尔和穆迪两家评级机构的影响力，但这一举措对穆迪的市场份额没有太大影响。目前，穆迪的销售额、利润均创造或接近历史新高，股价也创下新高。

因此，在其他条件一致的情况下，要么就投资比较容易通过复制实现增长的公司，要么就投资有强大竞争优势、能使其免受竞争侵扰的公司。

沃伦·巴菲特

如果说彼得·林奇教会我投资方法论，那么沃伦·巴菲特则影响了我对商业的理解以及投资哲学。我阅读了20世纪50年代至今所有巴菲特写给合伙人和股东的信，这彻底改变了我对商业和投资哲学的看法。投资者应该永远记住巴菲特的以下三句话。

"与其以超低价格购买平庸公司的股票，不如以合理价格购买优质公司的股票"[9]

林奇将公司划分为六种类别，并教会我们在不同的情境下如何操作。巴菲特告诉我们只买优质公司的股票，而且要以合理价格买入优质公司的股票。

的确，巴菲特在早年通过以低廉的价格投资苟延残喘的公司取得了巨大的成功。但是，他大部分的钱是通过以一个有吸引力的价格长期投资那些优质公司赚到的。这些优质公司包括喜诗糖果（See's Candy）和盖可保险公司（GEICO）。巴菲特在60多年前就说，"盖可（的股票）是我最喜欢的股票"[10]，今天他仍然这么说。

这里有两个问题需要回答：

（1）什么样的公司是巴菲特定义的优质公司？

（2）什么是合理的价格？

优质公司

巴菲特定义的优质公司有如下特征:

1. 拥有宽阔、持久的竞争优势,或者说"经济护城河"

"经济护城河"保护公司免受竞争对手的威胁,并防止其他人进入市场。这给公司带来了明显的定价能力,使公司能随着时间推移而增加盈利。

具有强大"经济护城河"的公司有一个潜在特征——它往往具有很高的利润率,并且可以长期维持,甚至实现其利润率的增长。穆迪就是一个例子。与穆迪对债务发行人的需求相比,债务发行人更需要穆迪。穆迪可以按照其设定的价格来向发行人收取费用,如果没有穆迪评级,发行人在债务市场上融资要付出更大代价。如前所述,即使在美国和欧洲各国政府的推动下,竞争对手也不能剥夺穆迪的市场份额。有了这个"护城河",穆迪可以保持高利润。以下是穆迪与两家在过去十年中最佳盈利公司——苹果和谷歌——的运营利润率之间的比较。

首先解释一下,经营利润是公司在偿还债务和税收利益之前的利润。例如,如果一家零售商以100美元的价格售出了60美元的商品,那么它的毛利润为100美元–60美元 = 40美元。零售商必须支付租金、工资和网络费等15美元的业务费用。它的经营利润将为40美元–15美元 = 25美元。那么,经营利润率将是25美元 / 100美元 = 25%。经营利润是显示公司盈利能力的一个很好的指标。

表1.6显示了苹果、谷歌、穆迪三家公司的经营利润率。

表1.6 苹果、谷歌、穆迪的经营利润率

（单位：%）

财务年度	2006	2007	2008	2009	2010	2011	2012	2013	2014	2015
苹果	13	18	19	27	28	31	35	29	29	30
谷歌	33	31	30	35	35	31	25	23	25	26
穆迪	62	50	43	38	38	39	39	42	43	42

在过去十年，穆迪一直保持着较高的经营利润率。

2. 低的资本支出需求以及高的投资资本回报

资本要求低的公司意味着资本周转率高，以及投资资本回报率（ROIC）高。因此，只有一小部分的利润需要再投资于业务之中。

喜诗糖果在1972年每年赚取400万美元利润。但到2015年，它累计赚了19亿美元税前利润。更棒的是，其增长只需要额外投资4 000万美元。在伯克希尔·哈撒韦所有权下超过40年，喜诗糖果只需要4 000万美元的资本支出，就为伯克希尔赚取了19亿美元的收益。它的资本支出占税前利润的比重刚刚超过2%。

我们计算了苹果、谷歌和穆迪的资本支出占税前利润的比重。结果如表1.7所示。

表1.7 苹果、谷歌、穆迪的资本支出/税前利润

（单位：%）

财务年度	2006	2007	2008	2009	2010	2011	2012	2013	2014	2015
苹果	23	20	17	10	11	22	17	18	18	16
谷歌	47	42	40	10	37	28	24	51	63	50
穆迪	2	16	12	14	11	8	4	5	5	6

显然，穆迪需要比苹果和谷歌更少的资本支出。该公司只需要购买更多的家具和电脑来实现增长。2015年其资本支出仅占税前利润的6%；其余的94%可以用于给股东发红利，或者用税后资金回购股票。

表1.8是三家公司的投资资本回报率。

表1.8　苹果、谷歌、穆迪的投资资本回报率

（单位：%）

财务年度	2006	2007	2008	2009	2010	2011	2012	2013	2014	2015
苹果	—	—	—	192	92	70	59	38	35	40
谷歌	76	53	46	54	62	57	44	37	34	33
穆迪	11 770	—	639	267	307	219	253	280	195	158

尽管苹果和谷歌的投资资本回报率都非常高，但穆迪更高。

说明一下，投资资本回报率可以衡量公司相对于投资其业务的资本产生现金流的能力。投资资本是股东权益以及债务的合计，并扣减现金。投资资本回报率越高，其资本运作效率越高。

穆迪在"经济护城河"和资本要求方面优于苹果和谷歌，但这并不能保证更好的股票表现。对于长期表现，有另一个因素起着重要的作用。这是优质公司的第三个特点：增长。

3. 有盈利的增长

表1.9显示了三家公司的盈利同比增长率。最后一列是过去十年的平均增长率。

表1.9 苹果、谷歌、穆迪的盈利增长率

(单位：%)

财务年度	2006	2007	2008	2009	2010	2011	2012	2013	2014	2015	平均
苹果	45	73	37	69	67	83	60	-10	14	43	55
谷歌	98	34	0	53	29	13	9	18	10	9	27
穆迪	40	0	-28	-10	27	16	22	18	28	0	19

苹果和谷歌的盈利增长都比穆迪更快。这两家公司增长较快，对其内在价值增长或合理价格的贡献极大。这就是为什么苹果的股价在过去十年中上涨了近十倍，谷歌的股价上涨了约280%，而穆迪的股价只上涨了80%。

合理价格/内在价值

每一股股票都代表公司的部分所有权。所以，每一股股票的合理价格就是该部分公司业务的所有权价值，或者它的"内在价值"。原则上，正如巴菲特解释的那样，公司的内在价值等于它在未来生命期限内能够产生出来的现金流的折现值。

作为历史上最成功的价值投资者，巴菲特对于增长的看法经常被误解。许多人认为他不在乎增长，但增长是他对优质公司的定义中最重要的组成部分之一。他在1951年的文章"盖可：我最喜欢的股票"中提到，盖可是一家成长型公司[11]：

> 盖可被定义为地道的成长型公司……我们有充分的理由相信，盖可还有很大的增长空间。

当然，我们谈论的是有利润的增长。在他1992年给股东的信中提到[12]：

> 增长一直是价值计算中的变量之一。其重要性可以是微不足道的，也可以是巨大的；其影响既可以是负面的，也可以是正面的。

当一家公司通过资本投入实现盈利增长，并获得正的投资资本回报时，它的内在价值也在增长。一个优质公司可以长期增值，并随着时间的推移，以更好的盈利能力回报股东。相比之下，很多低质量的业务可能无法随着时间的推移创造价值，甚至可能会侵蚀价值。即使投资者可以以非常好的价格买入其股票，就像巴菲特投资的纺织公司一样，结果仍然可能是灾难性的。

投资者可以以一个好的价格买一个优质公司的股票吗？理论上是可以的。但是，考虑到市场状况及管理规模，巴菲特将估值要求从1977年的"非常有吸引力的价格"改为1992年的"有吸引力的价格"，最近几年又改为"一个合理的价格"。

我将在第九章深入讨论估值。

对于大多数投资者来说，他们没有巴菲特的投资组合过大的困扰，因而以更合理的价格发现优质公司的机会还是相当大的。这也是小投资者所拥有的多种优势之一。

"把钱投资在第20个选择而非首选，这简直是疯了"

经过辛苦努力好不容易找到一个优质公司，投资者就应该多放些钱进去，不是吗？找到一个好的投资对象是很困难的，更别说

20个了。为什么投资者要把钱投资在他的第20个选择上，而不是首选呢？

前述的巴菲特的名言对我触动很大，但这一点很难做到，没有多少投资者有勇气保持集中的投资组合。如果投资者对自己的研究有信心，他就可以投入尽可能多的钱，正如巴菲特在1951年投资盖可时做的一样。他与后来成为盖可CEO的Lorimer Davidson在总部交谈了四个小时，并向他讨教盖可的运营情况和保险行业的知识，于是巴菲特就将他所有的9 800美元中的75%投资到盖可。他说："即使如此，我仍感觉到我的投资过度分散。"[13]这次的成功投资给他的投资生涯奠定了一个极好的开端，并且大幅提升了他的个人净值。

> 分散化是用来保护局外人的。如果你很清楚你在做什么，分散化投资是没意义的……只有在投资人不知道他在做什么时，分散化才是他所需要的。

我们认为，投资组合集中的策略能够降低风险，前提是这种策略能提升投资人对企业商业模式的认知和理解，以及对企业经济特征的感知。

因此，维持集中投资组合的关键是尽可能了解公司及其所在行业的业务，以建立足够的信心去集中投资。有对自己研究的信心以及长期投资的信念，集中投资就会比较容易，不需要太多的勇气。

巴菲特继续在1993年给股东的信中写道[14]：

> 另一方面，如果你是一个有一定知识储备的投资者，能够理

解商业本质,并能够找到具有长期竞争优势且股价合理的5—10个公司,那么所谓的多元化对你来说就是没有意义的。分散化可能很容易让你变糟,增加你的风险。我不明白为什么这样的投资者要选择把钱投入一个他的第20个喜爱的公司,而不是简单地把这些钱添加到他的最佳选择上——那些他最了解、风险最小,且有最大的利润潜力的标的公司。用先知梅·韦斯特(Mae West)的话说:"好的事情连成一串,那就更为美妙了!"

巴菲特的意思非常清晰明了:长久持有你能找到的最好标的。对于单个投资者来说,想要对许多行业的数十家公司都有独到的见解,并且能随着时间的推移紧密地跟踪这些公司的发展,是不可能的。

人们可能会说,像本杰明·格雷厄姆、沃尔特·施洛斯(Walter Schloss)和彼得·林奇这样的投资者有着多元化的投资组合,但仍然能做得非常好。区别是格雷厄姆和施洛斯严格按照股票价格的一些关键参数进行投资,并不太重视公司的经营管理。[15]所以,多元化是必要的。林奇自己拥有成千上万只股票。但是,他给业余选股人的建议是只跟踪8到12家公司,因为"持有股票就像养孩子——不要超过你的精力范围"[16]。通过集中的投资组合,巴菲特有一个更轻松的生活;他80多岁了仍可以享受投资的乐趣,而且管理着比林奇的规模大得多的投资组合。

更重要的是,下注大,回报也更高。巴菲特在整个职业生涯中都在进行集中组合投资,这也是他能在很长一段时间内保持好的投资业绩的重要原因。到目前为止,巴菲特的股票投资组合超过了1 280亿美元;投资组合中的70%,即近900亿美元,集中在持仓的前五名股票上。截至2016年9月30日，这些仓位都是那些非常优秀的公司：亨氏（Kraft Heinz）、富国银行（Wells Fargo）、可口可乐（Coca-Cola）、IBM和美国运通（American Express）。

在以合理的价格找到一批好的公司并集中投资之后，接下来要做的就是耐心等待，这就是我从巴菲特那里学到的第三个关键点：

"如果一定要给持有加上一个期限，我希望是永远"

投资者常犯的一个错误就是快速地卖掉优质公司的股票来实现短期利润，而长期持有那些表现差的股票。林奇把这种行为称为"把鲜花拔掉然后浇灌杂草"。能够以合理的价格找到优质公司很难，所以一旦找到就要持续地持有这些公司，只要基本面没有变化，而且估值是合理的。下面是巴菲特在1998年致股东的信中提到的关于持有期的表述[17]：

> 事实上，当我们持有一家管理层卓越的优质公司的一部分股票时，我们最喜欢的持有期是永远。

在持有期间，将发生两件事情。
- 内在价值与支付价格之间的差距随着时间的推移而消失。
- 公司的内在价值随着时间的推移而增长。

从长远来看，价值增长的贡献可能会很高，从而目前的入手价格不那么关键。考虑巴菲特在1972年购买喜诗糖果的案例：控股喜诗糖果的家族要价3 000万美元，但巴菲特不想支付超过2 500万美元。幸运的是，卖家以2 500万美元的价格成交，否则伯克希尔将以500万美元的差额错失19亿美元的收益。[18]

购买股票并打算长期持有，在另一方面也非常有用。如果您的研究专注于长期性，那么那些弥散的噪声将变得不再重要。你可以专注于一些长期的事情，诸如业务质量、所属行业及其内在价值等。

唐纳德·雅克曼

彼得·林奇可以在他所有六个类别中找到好的投资想法；沃伦·巴菲特告诉我们在优质公司里面挑选并投资；唐纳德·雅克曼进一步说，我们应该简单地投资那些非周期性的优质公司。

雅克曼可能不像林奇和巴菲特那样出名。他是雅克曼资产管理公司的创始人，该公司截至2016年年底管理了170多亿美元的资产。20世纪80年代，雅克曼在美国股票基金公司的基金经理职位上成绩斐然。1992年，他创办了自己的基金，到1997年，该基金的资产增长到11亿美元。当时科技泡沫正在加速膨胀，但雅克曼还在沿用传统稳健的投资策略，选择低估的盈利公司。他的基金表现远落后于市场表现，投资者开始纷纷撤资。1998年，基金的一些董事希望他出局，经过一场激烈的委托权之争，雅克曼才得以继续留在自己的公司。到2000年，基金的资产只剩下了7 000万美元，最终他坚守的价值投资策略开始崛起。2000年，雅克曼的基金的表现超过标准普尔500指数20%，2001年超过标普500指数31%，2002年超过标普500指数33%。2008年和2009年的金融泡沫期间，他的基金也表现非常好：2008年的市场崩溃期间，超过标普500指数11%，2009年的市场复苏期间超过标普500指数33%。我为那些退出雅克曼的基金，并投入高科技基金的投资人而感到惋惜。

雅克曼的核心投资理念是将股票视为债券，这意味着就像考虑债券的回报率一样考虑股票的回报率。他的投资策略与公司的业务类型、管理以及最低预期回报率等息息相关。

购买那些非周期性的优质公司

像巴菲特一样，雅克曼告诉投资者只投资那些优质公司。但他更进一步提出，应当只投资于非周期性的优质公司，只投资于客户复购周期短，而且产品更新周期长的公司。这些产品的良好例子主要是消费品，如牙膏、小苏打和避孕套。这些产品每天被客户消费，无论经济状况如何，都需要重新购买。此外，消费者通常用现金而不是信用卡来购买。这些公司不需要不断地发明新技术，不断地与新一代产品竞争。长产品周期的典型代表是可口可乐，同样的饮料已经卖了几十年。

这样类型的公司在雅克曼基金的投资组合中处处可见。在撰写本书时，宝洁、百事可乐和可口可乐是该基金中占比最大的头寸。可口可乐也是巴菲特最大的持仓之一。

跟巴菲特一样，雅克曼喜欢投资那些增长对资本要求低的公司。这种公司可以一边增长一边产生现金流，而且由于资本投入低，不需要借款，整体业务风险要低得多。

因此，投资者应避免投资于消费者复购周期（customer repurchase cycle）长的公司，比如汽车制造商。这些业务通常具有极高的周期性和极大的竞争威胁，消费者只有在经济状况好的时候才倾向于购买汽车。这些公司必须持续开发新的车型以保持竞争力，并且还需要投资于生产线来保持最新的技术，因此需要大量的资本投资才能实现增长。

而我的老东家——一个电信设备制造商——的产品很像汽车：消费者只有在经济形势好的时候才买；公司运营需要大量的资金，至少要五年时间才能开发出新一代的产品，而这些新产品的生命周期很少能持续一代以上，老产品很快就会被淘汰。这确实是一个糟糕的生意！幸运的是我已经离开了老东家。

管理

管理层的能力是公司长期成功的关键因素之一，特别是对于那些需要高超的运营和管理能力才能玩得转的公司而言。巴菲特多次写道，他所购买的公司需要有"诚实和有能力的管理层"。但对冲基金经理莫尼斯·帕波莱（Mohnish Pabrai）曾经说过，所有的CEO都是很好的销售人员，你很难仅从他们说的话中判断出他们是否有能力。

雅克曼是从管理层对于公司所产生的现金做了什么、没做什么来进行判断的。雅克曼在2016年GuruFocus会议的主旨发言中说，以股东价值为导向的管理团队通常有如下的操作范式：管理层不会过度补偿他们自己；他们将按照以下顺序使用公司所赚取的现金：

（1）再投资：他们将把现金重新投入业务增长。

（2）收购：如果他们仍有多余的现金，他们将通过收购来扩大业务。投资者在这里要小心，看看他们以往收购的记录。大多数大收购并没有像预期那样奏效。

（3）回购：如果他们仍然有更多的钱可以支出，他们会回购股票。投资者需要确保他不会支付太高价钱去回购自己公司的股票，这样会破坏剩余股东价值。

（4）减少债务。

（5）支付更多的红利。

巴菲特在2012年给股东的信中也详细描述了管理层应如何使用多余现金。[19] 他的想法与雅克曼也是一致的。

因此，在判断管理层质量时，投资者应仔细观察他们是如何处置资金的，而不是光听他们怎么说。对于那些傻瓜都能管理的公司来说，管理层的技能对业务的影响较小。拿麦当劳来说，就像我之前提到的那样，过去十年间，该公司换了多位CEO，并且经历了一些波折，但仍然运营得很好。然而，对于具有更复杂产品和运营的公司，管理层的能力会对结果产生巨大的影响。

设定最低预期回报率

雅克曼在长期内取得成功的一个关键因素是他设定了最低预期回报率。在科技泡沫期间，他并没有购买科技股，因为他并不看好科技股所谓的潜在回报率。在2006年金融泡沫爆发之前，他的现金头寸高于正常水平，因为没有太多的股票可以达到他的最低预期回报率。随着2008年和2009年的金融泡沫破灭，许多他期待已久的股票浮出水面，回报率高于他的最低预期回报率，所以他把所有的现金都投入了股票。凭借最低预期回报率这一投资准则，他在2008年的市场崩盘和2009年的市场复苏中两头跑赢市场。在2008年，当标准普尔500指数下跌了37%时，他的基金表现比标普500指数好11%，因为他持有更多现金。2009年标准普尔500指数上涨26.5%时，他的基金获得了60%的收益，因为他把现金在高回报潜力时都转为了股票。

最低预期回报率是以估值或股息收益率或股票的预期收益为基础的。在雅克曼的案例中，他使用了一个名为"远期回报率"的术语，这是该股在未来7—10年内预期产生的年平均回报率。我将在第九章中详细介绍雅克曼"远期回报率"的计算和应用。

最低预期回报率对投资人在两个方向的投资都很有帮助。当市场走高时，最低预期回报率将保护投资者免于购买高估的股票。当市场下滑时，那些坚持最低预期回报率的人将知道何时扣动扳机。

听起来是不是太容易了？这当然不容易。当股市继续上涨时，没有股票符合你的最低预期回报率，你作壁上观。但市场很可能继续上涨。此时，坚持最低预期回报率的投资经理是非常不愿意看自己的投资组合的，因为你会看到持仓组合低于市场表现，错过了所有增值机会，而这种场景可能持续多年。这对那些专业投资者来说尤其痛苦，因为他们的组合表现即使不是每天被审查，至少也是每月被审查。当市场估值高的时候，那些坚持最低预期回报率的人会看到在市场估值持续走高的行情下，自己的组合表现不佳。看看雅克曼就知道了。从2007年到2011年，他的基金经历了不俗表现之后，再次表现不佳。只是因为，与全仓持有的标准普尔500指数相比，他持有了太多的现金。在这个时候，即使是巴菲特也会表现不佳。

在下降的市场中，坚持你的最低预期回报率也是不容易的。市场持续下降，最终你一直想买的许多股票都已经达到了你的门槛，可这又很可怕，因为市场正在崩溃。股市下滑总是快于上涨。相比于泡沫的破裂，吹泡泡需要更长的时间。你想买的股票快速下跌，如果你现

在购买，你很快就会发现，在短时间内你已经损失了10%、20%甚至更多。但是，如果你不买，等待更好的价格，你可能会发现你又错过了机会。

因此，设定一个预期回报率并坚持下去是非常困难的。但对于投资者的长期成功来说，这又是非常重要的。只有那些坚守信念而且能够承受短期挫折的人才能获得跑赢大盘的长期表现。

当没有股票满足你的最低预期回报率时该怎么办？这是做研究的好时机。这个时候你可以建立一个那些你希望以较低价格购买的优质公司的观察名单，以便在时机到来时随时出手。

***

虽然我从三个不同角度总结了从彼得·林奇、沃伦·巴菲特和唐纳德·雅克曼三位身上所学到的东西，这些覆盖了投资的方方面面，但其他许多投资者也通过他们的著作启发了我；我还读过橡树资本（Oaktree Capital）的Howard Marks、GMO的Jeremy Grantham、Oakmark基金的Bill Nygren、FPA资本的Robert Rodriguez以及FPA Crescent基金公司的Steven Romick等人的信件。这个名单很长很长……

我从中受益匪浅。正如我之前提到的，投资是可以后天习得的。

巴菲特，这个有史以来最成功的投资天才，已经在与伯克希尔·哈撒韦公司股东的信中涵盖了有关业务和投资的所有话题。这些话题覆盖了从经济到公司经营的方方面面，如公司治理、管理素质、会计、税收、兼并收购等。他展示了其在保险、银行、零售、航空公司、报纸和公用事业业务等方面的洞察力——当然，还有投资方面的洞察力。他的商业信函应该推荐给所有商学院学生以及认真对待商业管理和投资的人来阅读。如果你还没有这样做，我强烈建议你在读完本书后立即开始阅读。

我的学习改变了我，现在我会用一种完全不同的角度来观察生活中的方方面面，即使它与商业和投资无关。当然，我也将所学到的东西应用于自己的投资研究中。在接下来的几章中，我将详细介绍如何将这些知识应用于实践。我希望能够建立正确的投资框架，让投资者可以在一个坚实的基础上进行投资，跨过那些可以避免的诸多错误，最终实现长期的成功。

每当我阅读或重读巴菲特的股东信件时，都为巴菲特对商业和投资的深刻理解折服。巴菲特多次表示"资本配置是他与生俱来的能力"，例如"用40美分买到价值1美元的票据"的价值投资理念"许多人一点就通"。[20]但即使你能迅速掌握价值投资的理念，你仍然需要知道如何找到这种以40美分兑换1美元的机会。也许巴菲特在出生时就注定能成为一位伟大的投资者，但是他的投资知识不是与生俱来的。他从他的父亲霍华德·巴菲特、本杰明·格雷厄姆、菲利普·费希尔、查理·芒格等人，以及曾阅读的书籍和报告中学习。正如他的长期合作伙伴查理·芒格所言，他是"地球上最好的学习机器之一"。芒格继续说道：

> 巴菲特很幸运，即使达到退休年龄，他仍然可以有效地学习，提高自己的技能。巴菲特的投资技能自65岁之后又明显上升。[21]

当被问及如何才能知道如此之多的时候，巴菲特指着一堆书籍和

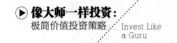

报道说:"每天读这样的五百页材料。知识就是这样建立起来的,就像复利一样。"[22]现在有报道说,巴菲特的继任者之一托德·康布斯(Todd Combs)每天阅读量多达1 000页![23]

我想用芒格的一句话回应本章开始的名言,并结束这一章:

我看到很多人在不断进步,他们并不是那些所谓的最聪明的人,有时甚至不是最勤奋的人,他们是学习机器。他们每天晚上睡觉时都比他们起床时聪明一点。这么做非常有用。如果你前面还有很长的路要走,这一点尤为重要。[24]

本章注释

[1] Charlie Munger, USC Law Commencement Speech, 2007, https://www.youtube.com/watch?v=u81l7rM2yl8

[2] Peter Lynch and John Rothschild, *Beating the Street*, Simon & Schuster paperbacks, New York, 1993.

[3] Peter Lynch and John Rothschild, *One Up on Wall Street*, Simon & Schuster paperbacks, New York, 1998.

[4] Ibid.

[5] Oplink Communications, 10K, 2001, https://www.sec.gov/Archives/edgar/data/1022225/000101287001502073/d10k.txt

[6] Peter Lynch and John Rothschild, *One Up on Wall Street*, Simon & Schuster paperbacks, New York, 1998.

[7] "Track Companies, Not Markets [Final Edition]," *USA Today*, p. 04.B, McLean, Virginia, March 7, 1989.

[8] Peter Lynch and John Rothschild, *One Up on Wall Street*, Simon & Schuster paperbacks, New York, 1998.

[9] Warren Buffett, Berkshire Hathaway shareholder letter, 1989, http://www.berkshirehathaway.com/letters/1989.html

[10] Warren Buffett, *The Commercial and Financial Chronicle*, Dec. 6, 1961

[11] Ibid.

[12] Warren Buffett, Berkshire Hathaway shareholder letter, 1992, http://www.berkshirehathaway.com/letters/1992.html

[13] Warren Buffett, Berkshire Hathaway shareholder letter, 2010, http://www.berkshirehathaway.com/letters/2010ltr.pdf

[14] Warren Buffett, Berkshire Hathaway shareholder letter, 1993, http://www.berkshirehathaway.com/letters/1993.html

[15] Warren Buffett, Berkshire Hathaway shareholder letter, 2006, http://www.berkshirehathaway.com/letters/2006ltr.pdf

[16] Peter Lynch and John Rothschild, *Beating the Street*, Simon & Schuster paperbacks, New York, 1993.

[17] Warren Buffett, Berkshire Hathaway shareholder letter, 1998, http://www.berkshirehathaway.com/letters/1998.html

[18] Warren Buffett, Berkshire Hathaway shareholder letter, 2014, http://www.berkshirehathaway.com/letters/2014ltr.pdf

[19] Warren Buffett, Berkshire Hathaway shareholder letter, 2012, http://www.berkshirehathaway.com/letters/2012ltr.pdf

[20] Warren Buffett, "The Superinvestors of Graham-and-Doddsville," 1984, http://www8.gsb.columbia.edu/alumni/news/superinvestors

[21] Charlie Munger, USC Law Commencement Speech, https://www.youtube.com/watch?v=u81l7rM2yl8

[22] Morgan Housel, "The Peculiar Habits of Successful People," *USA Today*, August 24, 2014, http://www.usatoday.com/story/money/personalfinance/2014/08/24/peculiar-habits-of-successful-people/14447531/

[23] Steve Jordon, "Investors Earn Handsome Paychecks by Handling Buffett's Business," *Omaha World-Herald,* April 28, 2013, http://www.omaha.com/money/investors-earn-handsome-paychecksby-handling-buffett-s-business/article_bb1fc40f-e6f9-549d-be2f-be1ef4c0da03.html

[24] Charlie Munger, USC Law Commencement Speech, https://www.youtube.com/watch?v=u81l7rM2yl8

第二章
深度价值投资和它的内在问题

"不要让杂草遮住了你花园里美丽的花"。
——史蒂夫·马拉博利[1]

科技泡沫破裂后,很多曾经热门的科技股都不计成本地清仓甩卖了。到了2002年10月,我曾经买过的光纤公司光联通信(Oplink)的股票,股价从2年前的每股250美元跌到每股4.5美元(分拆调整后)。当时,公司账户上每股对应的现金值超过8美元,这意味着如果公司当时选择终止经营,放弃所有其他资产,把手中的现金返回给股东,那么投资人的初始投资将立即翻倍。所以,如果价格对的话,一个原本糟糕的投资也能变成不错的投资。

上面给出的是一个深度价值投资的例子,其策略是以相对公司账面资产较大的折扣去购买一家公司的股票。这种方法被价值投资之父,同时也是巴菲特的老师本杰明·格雷厄姆实践总结并提升到理论高度。[2]

深度价值投资

深度价值投资的理念比较直观，正如巴菲特的解释："你用40美分买到价值1美元的票据。"他在职业生涯的早期曾经通过实践深度价值投资理论取得了巨大的成功。[3]深度价值投资者寻找的，是以相对公司持有的资产价值而言很大的折扣价格来购买该公司的股票，然后静待价格向价值靠近。深度价值投资理论要求投资者买入股票的价格和资产价值之间的差距要大于预设的最小差距。这个最小差距被称为安全边际，用来保护投资者避免因为初始时错误地估计了标的股票的价值而蒙受损失。

这种定义如图2.1所示。

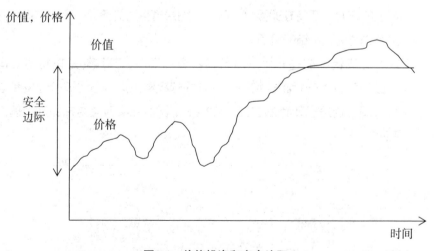

图2.1　价值投资和安全边际

随着时间的流逝，价格和价值之间的差距可能会缩小，这样深度价值投资者可以通过在较高价位卖出股票获利，这一价位可能很接近股票的内在价值。

本杰明·格雷厄姆和沃尔特·施洛斯都是价值投资者。[4]格雷厄姆在他的经典著作《聪明的投资者》（The Intelligent Investor）中提到，为了避免错误和无知，持有一个多样化的资产组合更安全，这个资产组合可能由超过一百家公司构成。[5]深度价值投资者在评估股票的价值时，只关注公司的资产负债表，不在乎它的运营情况。根据投资者对估值的保守程度不同，可以有四种估算公司价值的方法。

有形资产账面价值

在这种方法里，公司只值它在清偿所有债务后剩余的有形资产的价值，如现金、应收账款、存货、建筑物和设备等。它的无形资产，如商誉、知识产权、商标、品牌和商业运营等都被认为一文不名。据此定义的每股价值可以用如下公式计算：

每股有形资产账面价值=（总资产−总负债−优先股−无形资产）/流通股股数

这种估计公司价值的方法看起来很保守，但是投资者如果愿意，还可以找到更加保守的方法。

净流动资产价值

这是更趋保守和谨慎的估值方法，即在计算估值时剔除公司长期资产（如建筑物、土地和机器设备）的价值，仅考虑流动资产的价值，因为所有的负债都是实实在在和必须偿付的。因此，公司净流动资产价值（net current asset value，NCAV）可以用如下公式计算：

每股净流动资产价值=（流动资产-总负债-优先股）/流通股股数

即使采用这种方法，风险仍旧存在，因为不是所有的流动资产都值它的账面价值。一个更保守的估值方法是净净营运资本（net-net working capital，NNWC）估值方法。

净净营运资本

在这种方法中，存货和应收账款的价值都要在它们账面价值的基础上打折扣，任何预付费用被认为一文不名，但是，负债仍然是实实在在的。净净营运资本用公式定义如下：

每股净净营运资本=（现金和短期投资+0.75×应收账款+0.5×存货-总负债-优先股）/流通股股数

在净净营运资本估值方法中，现金价值是100%，应收账款的价值折计为账面价值的75%，而存货的价值只计为账面价值的一半。任何其他资产的价值为零，负债全额偿付。这是假定在极端的跳楼价大甩卖的情况下，公司仍可以给股东留下的价值。

净现金

在净现金估值方法中，只有现金和短期投资被用于计算估值。其他资产价值都被认为是零。公式为：

每股净现金=（现金和短期投资－总负债－优先股）/流通股股数

虽然好像很难想象会有人以远低于清算价值的价格出售公司，但是这种情况确实会发生，尤其在市场恐慌时。即使在2016年7月，股票市场达到历史高点时，仍有一些股票的价格低于清算价值。在表2.1中，我列出了一些例子。所有数值都是2016年7月19日的每股数字。

表2.1 股票价格低于清算价值的公司例子

（单位：美元）

公司	有形资产价值	净流动资产价值	净净营运资本	净现金	价格
Emerson Radio Corp.	1.99	1.93	1.75	1.75	0.68
Adverum Biotechnologies Inc.	8.92	8.78	8.73	8.70	3.07
Carbylan Therapeutics Inc.	1.64	1.63	1.59	1.59	0.59

如表2.1所示，从有形资产价值到净流动资产价值，再到净净运营资本价值，最后到净现金，每股价值逐渐降低，也愈加保守。

上面这些数据取自GuruFocus.com。顺便提一下，GuruFocus.com提供每只股票的所有上述数据，包括当前值和历史值。你还可以使用GuruFocus的一站式筛选器（All-In-One Screener）[6]和本杰明·格雷厄姆

的Net-Net筛选器[7]，筛选出那些正以低于清算价值的价格出售的股票。

显而易见，投资者如果以低于公司清算价值的价格购买股票将很难亏钱。格雷厄姆就是这么做的，他在《聪明的投资者》一书中写道[8]：

> 从过去到现在，一个简单的事实一直成立：如果一个人能够找到一篮子多样化的股票，并可以以低于净流动资产的价格买进……结果将会非常令人满意。

他接着说：

> 这里强调的是尽可能多地购入价格低于净流动资产账面价值的股票——即不考虑厂房和其他资产的价值。我们通常以净流动资产价值的2/3或更低的价格买入。大多数年份我们持有非常多样化的投资组合——多到包括至少100种证券。

格雷厄姆长期寻找那些市场价值低于净流动资产价值的2/3的公司。GuruFocus网站提供了一个"格雷厄姆特价品筛选器"来帮你筛选出这类特价股票，你可以在如下网址找到它：http://www.gurufocus.com/grahamncav.php。

然而，投资这些公司还是有风险的——因为它们中的大多数运营都不太好，而且可能会持续亏钱。为了降低这项风险，GuruFocus为用户增加了筛选条件，比如要求公司有正的经营现金流。这样选出来的特价股票，可以不用消耗已有的现金也能维持运营。

根据格雷厄姆的看法，一旦经济形势恶化，这些公司中的一些成员很可能会变得资不抵债，所以持有一篮子这种公司的股票会最大化地分散投资风险。

尽管格雷厄姆利用这一策略获了得很好的结果，然而现代的价值投资者已经找不到足够多的这种"特价品"来构建分散化的投资组合。在2008年股票市场暴跌时，我们的筛选器可以给出一个很长的列表，但后来已经慢慢缩减至几乎没有多少了。

我个人使用格雷厄姆净流动资产"特价品"的经验也是喜忧参半。正如格雷厄姆描述的，当你能发现很多这种公司时，这一策略很奏效。但是，当你不能找到很多这种投资标的时，你找到的仅有的那几个投资标的可能并不能为你带来满意的结果。

举例来说，表2.2中列出的是前述筛选器在2008年12月26日给出的前20只股票。当时标普500指数为872点，距离它在2007年的最高点下跌了40%。在写作本书时，标普500指数已经回到了2 163点。这20只股票在2011年7月的表现如表2.2所示。

表2.2 2008年12月格雷厄姆净净营运资本投资组合

（标准普尔指数=872）

公司	2008年12月26日价格（美元）	2011年7月13日价格（美元）	价格变动（%）	备注
Heelys Inc.	2.52	2.24	−11	
Valpey Fisher Corp.	1.45	2.7	86	
Solta Medical, Inc.	1.35	2.6	93	
Emerson Radio Corp.	0.51	1.97	286	

（续表）

公　司	2008年12月26日价格（美元）	2011年7月13日价格（美元）	价格变动（%）	备注
Orbotech Ltd.	4.06	12.35	204	
Silicon Graphics International Corp.	3.76	15.87	322	
NUCRYST Pharmaceuticals Corporation	0.85	1.77	108	被收购
PECO II Inc.	2.1	5.86	179	被收购
Dataram Corp.	1.15	1.59	38	
Mattson Technology Inc.	1.2	1.94	62	
ACS Motion Control Ltd.	0.91	1.4	54	
Avanex Corp.	1.04	3.256	213	被收购
LinkTone	1.13	0.9701	-14	
PDI Inc.	3.39	7.72	128	
Actions Semiconductor Co. Ltd.	1.6	2.15	34	
Soapstone Networks Inc.	2.46	0.01	-100	
Transcept Pharmaceuticals Inc.	5.45	8.59	58	
ValueVision Media Inc.	0.29	8.29	2759	
Allianz SE	10.14	12.82	26	
GSI Group Inc.	1.65	11.99	627	
平均			257.6	

在这些股票中，只有Soapstone Networks Inc.一家公司股票持续亏损。有三家公司被收购，溢价均超过100%。作为一个整体，这20只股票平均收益率为257%。作为比较，同期标普500指数增长48.5%，纳斯达克指数增长82%。这20只股票中的17只有正回报，回报率最高的是ValueVision Media Inc.，在两年半时间内获得了超过2 700%的回报率。GSI Group Inc.获得超过600%的回报率，视算科技获得超过300%的回报率，Emerson Radio Corp.获得超过280%的回报率。所有回报率计算不包含股息。净流动资产特价品组合（net-current-asset value bargains）表现非常好，尤其是在最初的12个月内回报率超过了150%。

随着市场攀升，这些特价股票的数量不断减少。到2009年10月，标普500指数由于收回了部分由于金融危机导致的失地，回到了1 000点以上；我们找到12只特价股票，反映在表2.3中。

表2.3　2009年9月格雷厄姆净净营运资本投资组合

（标准普尔指数=1 020）

公　　司	价格（美元）
The9 Ltd.	7.57
Orsus Xelent Technologies Inc.	9.36
Heelys Inc.	2.15
eLong Inc.	9.74
TSR Inc.	4.10
Netlist Inc.	0.69
Forward Industries Inc.	1.72
United American Healthcare Corp.	0.99

（续表）

公　司	价格（美元）
Optibase Ltd.	6.35
magicJack VocalTec Ltd.	4.88
American Learning Corp.	0.52
MGT Capital Investments Inc.	15.00

表2.4是该投资组合在接下来四年的业绩表现。

表2.4　2009年10月—2013年9月投资组合的业绩表现

（单位：%）

时　间	投资组合	标准普尔指数	纳斯达克指数
2009年10月—2010年9月	50.00	9.75	13.38
2010年10月—2011年9月	−17.00	−1.29	1.88
2011年10月—2012年9月	−2.00	24.68	25.69
2012年10月—2013年9月	−28.00	17.43	24.23

在第一年，特价股票组合业绩强劲，投资者若在持有12个月后出售将会获得巨大的收益，然而随着持有时间变长，收益会渐渐消失。

然而，我们持续观察这些净流动资产特价股票组合的业绩表现会发现，这一组合在2011年以后表现并不好。作为一个整体，它们的表现经常显著低于标普500指数。

表2.5列示的是2011年4月产生的净流动资产价值特价股票组合，当时标普500指数在1 300点线上。

表2.5 2011年4月格雷厄姆净净营运资本投资组合

（标准普尔指数=1332）

公司	价格（美元）
China TechFaith Wireless Comm Tech Ltd.	21.60
Blucora Inc.	8.79
China-biotics, Inc.	8.38
Jiangbo Pharmaceuticals Inc.	4.43
Noah Education Holdings Ltd.	2.16
eLong Inc.	14.25
Gencor Industries Inc.	7.85
Vicon Industries Inc.	4.75
TSR Inc.	4.99
Maxygen Inc.	5.21
Comarco Inc.	0.31
Actions Semiconductor Co Ltd.	2.44
Meade Instruments Corp.	3.66
BroadVision Inc.	14.45
Qualstar Corp.	10.74
Merus Labs International Inc.	1.62
Peerless Systems Corp.	3.16
Cytokinetics Inc.	9.06

表2.6反映的是2011年4月的净流动资产价值特价股票组合在接下来12个月的表现。

表2.6　2011年4月—2015年3月特价股票组合的市场表现

（单位：%）

时间	投资组合	标准普尔指数	纳斯达克指数
2011年4月—2012年3月	-10	7.21	12.70
2012年4月—2013年3月	-20	11.41	5.69
2013年4月—2014年3月	11	18.38	27.18
2014年4月—2015年3月	-30	10.51	18.50

这一净资产特价股票组合的表现从一开始就低于大盘指数，并在几乎所有期间都严重亏损，即使在整体市场都开始盈利的情况下。

当我们持续观察这些深跌投资组合时，我们发现已经开始找不到太多有足够安全边际的股票纳入组合。如果我们降低标准，投资那些安全边际勉强够大的股票，组合的业绩会明显变糟而且显著落后于市场表现。

与格雷厄姆时代相比，由于科技进步，寻找价格远低于清算价值的股票变得容易许多。这导致市场变得非常拥挤，市场存在的特价股票的投资机会越来越少。近些年这种情况更为明显，当利率持续走低时，所有资产的价格都被拉到很高的位置，结果寻找相对公司资产负债表净资产的深度特价股就变得更为困难。

你能找到越多特价股的时候，越是投资特价股的好时机，尤其是由于市场挤兑引发恐慌和被迫抛售泛滥的时候。在这样的时期，很多值得更高估值的股票价格也遭到打压，尤其是那些业务基本面表现差的公司。当整体市场估值在高位、所有资产价格都在上升时，那些仍在下跌，并出现在特价股筛选器中的公司可能就只值这个估值。它们的股价低有低的原因，买入这些股票很可能导致巨额损失，正如我在

2011年后观察到的。因此，谈到深度价值投资，投资者需要非常谨慎而且意识到这一方法存在的内在问题。

深度价值投资的内在问题

巴菲特把这种以比公司的净资产价值还低得多的价格买入平庸公司的股票形象地称为"烟蒂投资"。他形容这种方法就像"你在大街上捡到一只雪茄烟蒂，短得只能再抽一口，也许冒不出多少烟，但因为烟蒂是捡的，所以那口不多的烟就全是白得的"[9]。

然而这种方法存在如下内在问题：

伴随时间流逝的价值侵蚀

平庸的公司不给它们的股东创造价值；相反，随着时间的流逝，公司的价值还会被消耗。所以，价值和价格的关系并不是如图2.1所示的样子，而是更接近图2.2所示的样子。

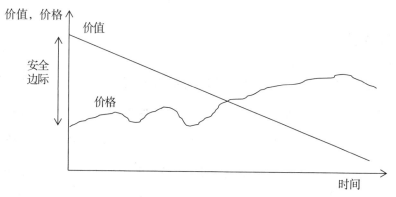

图2.2　平庸公司的价格和价值之间的关系

因此，公司的价值可能下降，即使股价不上升，安全边际也可能从初始值渐渐收窄。投资者需要足够幸运赶上股价上升时及时买入并且在公司内在价值再次下跌前卖出。

正如巴菲特在1989年给股东的信中所写的："时间是优质公司的朋友，却是平庸公司的敌人。"[10]

巴菲特也曾为购买那些没有前途的公司的股票付出高昂的代价。他认为买下伯克希尔是他犯过的最大的错误，这个错误最终让他和合伙人损失了1 000亿美元。[11]这只股票当时的价格低于其净净营运资本，只相当于其账面价值的一半，但是因为伯克希尔·哈撒韦的经营亏损和股票回购，它的净值从1964年的5 500万美元跌落到1967年的2 200万美元。那时，巴菲特也以比账面价值低得多的折扣价买入了一家管理良好的零售商的股票，三年后他"幸运地"以买入价将其平价卖出。[12]

这一现象也能从前面列示的2009年10月的净净营运资本特价投资组合看到。在最初的12个月，该组合的投资回报显著高于市场。但是在接下来的三年，当股票市场持续走高时，这一投资组合回吐了此前的所有收益。

时机和痛苦

当你能找到很多便宜的股票时可以考虑买入特价股票组合，但是如果市场整体在快速下跌，比如2008年，特价股票组合将很可能比整个大盘亏更多钱。如果这一下跌持续更久一点，组合中的很多公司可能亏损更多，甚至不得不关门大吉。在市场不景气时持有这样的组合将更加痛苦，任何在熊市和经济萧条期间持有这些股票的人都有亲身经历，甚至可能提心吊胆、夜不能寐。

此外，因为公司价值的迅速侵蚀，尽快卖掉这些深跌资产是关键，即使没有迎来股价上涨，也要尽快脱手。最大的获利窗口通常发生在最初的12个月。这就是为什么查理·芒格说："如果你买入资产是因为它被低估了，那么你必须考虑在价格接近或达到你计算估计的内在价值时卖掉它。知易行难，做到这点比听起来难多了。"[13]

巴菲特把以甩卖价买入便宜公司股票获利比作谈恋爱而并无意结婚。在这种情况下，选择在关系恶化前的恰当时点结束这种暧昧关系是非常关键的。

符合标准的股票不多

为了避免特价股票组合中单只或少数股票选择错误而导致的灾难，构建尽可能分散化和多样化的投资组合就变得非常重要。但是当市场估值在高位时，不太可能找到足够多的符合多样化需求的股票。这就是2012年以后出现的情况。GuruFocus的净流动资产特价股票筛选器只能产生少量符合条件的美股，随着市场继续走高，仅剩的一些股票也不再符合条件。这一情况可能会持续很长时间，因为接近于零的低利率水平已经拉升了所有资产类别的估值。

税负不经济

因为持有时间较短，对于美国投资者来说，从这种投资组合中获得的任何回报都需要按照个人所得税税率交税，除非是在退休账户中的资产。对于那些收入高、税率档次高的投资者，每年有将近40%的收益都将被以税收形式付掉。相对于长期投资来说，这大大减少了该项投资的实际回报。

尽管买入深跌的便宜资产可能很赚钱，但是对于投资者来说，这种策略的心理成本其实很高。更重要的是，公司经营恶化和价值侵蚀把投资者推到了一个更危险的境地。因此，他们需要严格自律地遵守原则，即维持一个足够多样化的投资组合并在12个月内卖出，无论在此期间投资目标实现与否。

适用这一方法应该更关注账上有很多净流动资产的小公司。如果公司的资产负债表上有很多重资产，如机器设备和建筑物，清算过程将会很漫长而且成本很高，这会导致投资价值进一步损耗。巴菲特就有这样的亲身经验。当伯克希尔·哈撒韦公司关闭它的纺织业务并进行清算的时候，原值1 300万美元仍可使用的设备，在账面上只值866 000美元。但这些设备最终只卖了163 122美元。在扣除处置成本后，净卖价居然为负值。[14]

长期持有业务复杂和账上有大量非流动资产的公司可能是非常危险的。当你持续希望公司向好时，你其实已经被套牢，就像巴菲特在最初做纺织生意的伯克希尔·哈撒韦公司中经历过的。如果说以低价格购买平庸的公司只为赚十块八块蝇头小利就像是不以结婚为目的的谈恋爱，那么买入这类股票并长期持有就是无爱的婚姻。这个婚姻的成功将不得不依赖很多其他因素，而且它永远不会是幸福的婚姻。

过去几年有一个案例很典型，涉及费尔霍姆基金（Fairholme Fund）的布鲁斯·贝科维茨（Bruce Berkowitz）——21世纪最初十年业绩表现最优异的共同基金管理人之一。这个投资让该基金的管理人及其股东损失惨重。

贝科维茨在过去十余年一直持有西尔斯控股公司很多的股份，西尔斯控股公司是美国一家苦苦挣扎的零售商。在分拆前，这只股票的交易价格在160美元以上。尽管贝科维茨知道这家公司的零售业务正在恶化，但是他一直相信西尔斯的地产组合和它的业务本身拥有巨大的价值，而且相信希尔斯的这些价值可以通过出售其他业务和地产得以实现。到2014年2月，这只股票已经蒸发了70%的价值，股价跌到每股38美元，此时贝科维茨相信西尔斯的每股净资产的价值超过150美元。他在2014年2月写道："如果我们的研究准确，西尔斯的价格将从当前的38美元增长到其内在价值。"[15]两年半以后，这只股票的价格已经跌到10美元以下。即使我们加回分拆出去的Lands' End的价值和可以打折购买Seritage的期权的价值，这只股票也已经又跌掉了另一个70%。在这种情况下贝科维茨仍固执地持续买入更多西尔斯的股票。

同时，在另一位公认能力卓著的价值投资者和金融家Eddie Lampert的领导下，西尔斯一直不遗余力地解锁价值。西尔斯在2012年1月以超过每股20美元的价格将果园供应硬件公司（Orchard Supply Hardware）分拆出去，现在它的交易价格只有20美分。这家公司，无论是独立出去还是在西尔斯麾下，都无法和家得宝（Home Depot）以及劳氏（Lowe's）竞争，目前已经宣告破产。另一家分拆公司——西尔斯加拿大公司（Sears Canada），在2012年10月以每股18.5美元的价格分拆后始终没有盈利。在股价跌掉80%以后，这家公司开始走向破产。*到目前为止，Seritage分拆后的经营相对较好，但是它的原始股东得到的是以29.5美元购买股票的期权，而不是与其他分拆一样直接完全得到股票。西尔斯在过去五年中每年都在亏损。仅在2015年一年的经营亏损

---

* 2017年6月，西尔斯加拿大宣布破产，并将关闭所有的门店。

就吞噬掉了公司将最好的资产出售给Seritage获得的27亿美元收益的绝大部分。它到底解锁了什么价值？

过去几年西尔斯也回购了很多股份以"返还"资本给股东。但是对于一家持续亏损的公司，它的"死忠粉"股东只看到他们的亏损份额正变得越来越大，他们持有的那一部分商业价值正在更快地流逝。

有人也许会说，西尔斯的股东本来可以从分拆卖掉果园供应硬件和西尔斯加拿大公司的股票中受益。我要说的是，西尔斯的股东在很久以前就应该出清他们的股份。对贝科维茨也一样。如果他10年前以高于160美元的价格卖掉西尔斯的股票，或者6年前以70美元卖掉，或者4年前以40美元卖掉，或者2年前以30美元卖掉，他的费尔霍姆的股东都能获得更好的回报。这只股票目前的价格在10美元以下，但是他仍旧没打算放弃这只已经腐朽、正在沉没的大船。贝科维茨甚至还认为西尔斯被低估，从而不停加仓。费尔霍姆基金的股东因而损失惨重。这只基金在过去3年的表现低于标普500指数35%以上，过去5年的表现低于标普500指数50%以上。我就不继续讨论那些因此而错过的其他投资机会带来的机会成本了。

悲剧仍在继续上演。西尔斯正投入巨资，试图扭转它陷入重围、四面楚歌、一直亏钱的零售业务，希望继续与亚马逊和沃尔玛竞争。贝科维茨甚至亲自加入西尔斯的董事会。这一行为无疑会增加他的精神和心理成本。意外仍在不断降临。西尔斯的养老基金在过去几年烧掉了20亿美元，这些钱超过西尔斯今天全部市值的两倍。解锁价值需要比预期更长的时间，这意味着将有更多的价值继续被侵蚀。在2016年5月，贝科维茨认为养老金负担的问题将得到改善，因为联邦利率上调看起来近在眼前[16]，然而他看到的只是利率继续下跌。现在他期望零售业务在2016年停止亏损，但是目前为止我们还没看到。同时，公司在2016年第一季度又烧掉了额外的7亿美元，并不得不发行同等规模的债券来维持它的现金平衡。

难道这不像是一个越陷越深的无底洞吗？为什么我作为一个投资者要卷入这样的困境，眼睁睁看着事情不断变糟，然后幻想着情况好转？即使西尔斯最终走出泥潭——恕我直言，希望渺茫——为之付出的精神和心理消耗也不值得。

2017年10月，贝科维茨终于醒悟，明智地退出了西尔斯的董事会并出售了其股票。西尔斯股票继而跌到了每股4美元的地板价。

巴菲特说得好[17]：

除非你是清算专家，否则投资这类公司实在非常愚蠢。第一，原来看起来非常便宜的价格到最后可能一文不名。在陷入困境的公司中，一个问题还没解决，另外一个问题就又接踵而来，正如厨房里的蟑螂绝对不会只有你看到的那一只。第二，任何你最初买入时的低价优势很快就会被公司不佳的绩效所侵蚀。

赚钱还有更好的方式。

本章注释

[1] http://www.raiseyourmind.com/motivational/dont-let-the-tall-weeds-cast-a-shadow-on-the-beautiful-flowers-in-your-garden/

[2] Benjamin Graham, *The Intelligent Investor*, Harper Collins, 2009.

[3] Warren Buffett, Berkshire Hathaway shareholder letter, 1993, http://www.berkshirehathaway.com/letters/1993.html

[4] Ibid.

[5] Benjamin Graham, *The Intelligent Investor*, Harper Collins, 2009.

[6] http://www.gurufocus.com/screener/

[7] http://www.gurufocus.com/grahamncav.php

[8] Benjamin Graham, *The Intelligent Investor*, Harper Collins, 2009.

[9] John Kenneth Galbraith, *A Short History of Financial Euphoria*, Penguin Books, 1990.

[10] Warren Buffett, Berkshire Hathaway shareholder letter, 1989, http://www.berkshirehathaway.com/letters/1989.html

[11] Warren Buffett, Berkshire Hathaway shareholder letter, 1992, http://www.berkshirehathaway.com/letters/1992.html

[12] Ibid.

[13] Charlie Munger, USC Law Commencement Speech, https://www.youtube.com/watch?v=u81l7rM2yl8

[14] Warren Buffett, Berkshire Hathaway shareholder letter, 1985, http://www.berkshirehathaway.com/letters/1985.html

[15] Fairholme Fund Annual Shareholder Letter, 2013, https://static1.squarespace.com/static/53962eb7e4b053c664d74f3d/t/5429b689e4b06a1d711a373a/1412019849559/FAIRX_11.30.13%2Bv2.1WEB_0.pdf

[16] Fairholme Fund Semiannual Shareholder Letter, 2016, http://www.fairholmefundsinc.com/Letters/Funds2016SemiAnnualLetter.pdf

[17] Fairholme Fund Semiannual Shareholder Letter, 2016, http://www.fairholmefundsinc.com/Letters/Funds2016SemiAnnualLetter.pdf

第三章

只投资优质公司！

03

> "天下难事必作于易，天下大事必作于细。"
>
> ——查理·芒格

是的，有更好的方式赚钱！

与其廉价购买价值受损的公司并希冀它变好，为什么不转而投资那些价值与日俱增的公司呢？沃伦·巴菲特也曾以低价格作为首要投资标准，后来他对这种拙劣的低价格策略做了精辟的总结和反思："与其以超低价格购买平庸公司的股票，不如以合理价格购买优质公司的股票。"这句话应该被所有投资者铭记在心。

巴菲特的这一投资理论，也是唐纳德·雅克曼建立起他出色的长期业绩的根基。在20世纪90年代早期，他的一个儿子建议他买入克莱斯勒（Chrysler）的股票。当时这只股票的交易价格在10美元左右，看起来很便宜。但雅克曼告诉他的儿子："我认为你会从这只股票上赚到钱，但是我不想投在那里。我就是不喜欢这个行业。"

雅克曼在2016年的GuruFocus价值投资大会的主旨发言中解释了他的理由：

就像你走进一家工厂看到所有机器都在那里,但是没有开动起来。买下这些资产只要花费其价值的20%,真是便宜啊!但是,请设想一下,如果我走进的是另一家机器轰鸣的工厂……在我看来,价值存在于现金流中,而不是资产中。资产产生的现金流是终极的价值。

西尔斯的股东们能领会这一点吗?尽管这家公司有看起来很有价值的资产,但是你上一次去西尔斯购物已经是多久以前的事情了?

雅克曼把以廉价购买平庸公司的股票比作乘平移电梯,把购买优质公司的股票比作乘自动扶梯——持续上升的公司价值好似自动直梯。所以,作为投资者,我们应该关注这些"持续上升的电梯",并且只投资它们!

即使苟延残喘的企业中存在深度折价的机会,投资者也应该忽略这些投资机会,转而把精力投入真正优秀的公司。只有优质公司才是我们想投资的,即使它们的股票价格可能不便宜。

那么,什么样的公司才是优质公司呢?

什么是优质公司

优质公司是那些能持续通过运营增加价值的公司，是那些明天会比今天更值钱的公司。如雅克曼所比喻的，平庸公司的价值只会随着时间的流逝而贬损，而优质公司的价值持续增长。这类公司的价值会持续增长，时间会让优质公司脱颖而出。

优质公司的价值和价格的关系如图3.1所示。随着公司价值的增长，经过一段时间，股票价格也会随之水涨船高。

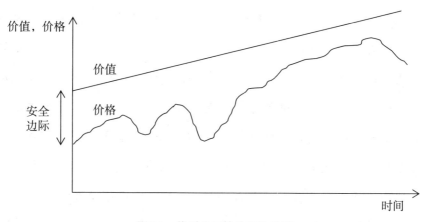

图3.1　优质公司的价格和价值

因为公司的价值在增长——很像有爱情的婚姻——很多问题不复存在。我希望你喜欢下面这个故事：

一位婚恋顾问正在给一群寻求婚姻建议的人开一个专题研讨会。他首先放映第一张幻灯片，主题是"成功婚姻的关键"，投影上只有一行字："彼此相爱，直到永远。"与会者开始摇头表示这个建议太虚难以付诸实践。接着婚恋顾问翻到他的第二张幻灯片，上面写着："如果你做不到前面的第一条，你需要遵循下面四条准则：（1）随时准备妥协。爱是恒久忍耐，谅解是最好的良药。（2）养成妥协、忍耐和谅解的习惯。（3）难得糊涂。（4）把装傻也当做一种习惯。"参加者开始骚动起来，直言这四条规则太难遵守。等到他们安静下来，婚恋顾问贴出了他的第三张幻灯片，上面写着："如果你不能遵守这四条规则，你需要把下面的16件事情做对：（1）不要同时发火。（2）除非紧急情况，否则不要大喊大叫。（3）一旦陷入争吵，让你的配偶赢。（4）吵架不过夜。就算吵架，睡觉前一定把话说清楚，不要各自带着情绪睡去。俗话说：'天上下雨地上流，两口子打架不记仇。白天吃着一锅饭，晚上枕着一个枕头。'（5）随时准备主动道歉。夫妻吵架，如果不是大是大非的原则性问题，学会主动让一步也是解脱彼此的聪明做法。（6）……"读到这里，有些人流露出会心的微笑，有些人发出轻声的叹息。婚恋顾问接着展示了他的第四张幻灯片，上面写着："如果你仍旧不能遵守这16条规则，现在你需要把下面这256件事做对……"

所以，如果你能找到自身价值不断增长的公司，生活将变得简单得多。下面是购买优质公司的一些好处：

不用担心时机

如果购买平庸公司的股票,你必须在价格接近价值时卖出,也要注意在价值侵蚀损害股票价格前卖出。而如果购买优质公司股票,你只需要以合理的价格买入,不用担心何时卖出。因为它的价值持续增长,你可以永远持有。当然,股票价格会波动,但是长期来看,价格走势的大方向会跟随价值变动的大方向。

对购买价格有更多容忍空间

优质公司值得更高的估值。你可能需要以比预想的价格高一点的价格买入这样的股票,并且因此降低你的投资回报,但是时间是你的朋友,长期持有会稀释高估值所带来的回报率下降的负面影响。而且,你总有机会在较低估值时补仓并降低平均持有成本,尽管较低的估值不一定意味着较低的价格。

巴菲特认为他在1972年支付了2 500万美元收购喜诗糖果是买贵了。多年后,他意识到这个价格其实很便宜,并庆幸当时卖家接受了他的报价。错失以合理的价格购买优质公司股票的机会,实际代价会更高!

没有资本永久亏损的风险

正如彼得·林奇所说:"没有负债的公司不会破产。"优质公司通常具有强健的资产负债表,并且能够持续产生盈利,从而累积更多价值。投资者迟早会从他们持有的优质公司股票中获得收益。而且,有买优质公司意识的投资者一般也不太可能付出昂贵的代价。还是那个

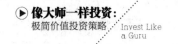

原因——时间是你的朋友。

节税效应

很显然，因为长期持有，投资者可以在增加他们资本的同时推迟支付资本利得税，只要他们选择不卖出持有的投资组合。伯克希尔·哈撒韦持有可口可乐的股票超过30年，并从中获得了160亿美元的资本利得，但是巴菲特没有付过一分钱的资本利得税，因为他还没有卖出任何可口可乐的股票。即使如果投资者真的卖出，长期资本利得的税率也较短期资本利得的税率更低。

你睡得更香

对于一个持续增长的"印钞机"，你不需要时刻保持警醒，只需要跟踪它的季报和年报。你可以睡得很安稳，这对于投资者来说是弥足珍贵的。

那么，我怎么知道一个投资标的是不是优质公司呢？投资者可以通过阅读历史财务报表来获得大量关于公司的有效信息。但是只看一年的财务报表是不够的。我们需要至少看一家公司一个经济周期的财务报表信息来判断它在经济环境好的时候和差的时候表现分别如何。你可以在GuruFocus.com网站找到在美国和其他国家交易的每家公司的历史财务数据。我们编辑整合所有历史财务数据就是出于这一目的。

当然，至少一个经济周期的要求会排除很多只有很短历史的公司，或者新IPO发行的股票。投资者应该避免那些还没有证明自己的新公司。

不要担心错失下一个新风口。避免错误和危险领域对于长期投资业绩表现的影响要大得多。

为了判断一个公司是否符合一个优质公司的标准，投资者需要问他们自己三个基本问题并通过查阅它的历史财务报表信息寻找答案：

- 这是一家无论经济好坏都能产生稳定利润的公司吗？
- 这是一家能带来高投资回报的轻资产公司吗？
- 这是一家收入和利润都在持续增长的公司吗？

接下来我将展开讨论这三个问题。

1. 这是一家无论经济好坏都能产生稳定利润的公司吗？

正如林奇所说的："重要的事情说三遍：利润！利润！利润！"人们沉湎于在市场上赌短期的波动，但长期来看，盈利水平对价格的影响远高于K线的短期波动。[1]巴菲特把"展现持续盈利能力"作为他购买公司的重要标准之一。

如果公司能够持续地赚钱，它的内生价值就会稳定增长。股东可以通过公司业绩增长、股票回购或者公司分红等多种方式获得回报。价值增长对股价也有巨大影响，因为长期来看，价格总是会跟随价值的变化。

表列3.1出了在标准普尔500指数中从2006年7月到2016年7月的10年间持续交易的454家公司的表现。表中第一列是公司从2006财年到2015财年期间实现盈利的年份总数。第二列是在相同年份数盈利的公司总数。第三列是对应公司过去10年间股票的平均年化收益率。第四列和第五列是10年过后股票仍在亏损的公司数和百分比。

表3.1 标准普尔500指数中454家公司的表现（2006—2016）

2006—2015年间盈利年数	盈利公司数量（家）	平均年化收益率（%）	亏损公司数量（家）	亏损公司比例（%）
10	291	11.1	6	2
9	88	7.1	15	17
8	32	6.6	9	28
7	20	4.4	7	35
6	12	0.8	4	33
5	8	4.5	3	38
4	1	42.8	0	0
3	0			
2	1	-0.6	1	100
1	1	4.2	0	0

从表3.1中我们可以清楚地看出公司盈利能力和股票业绩表现之间的极强的相关性。过去10年在市场上持续交易的这454家公司中，64%（即291家公司）从2006财年到2015财年每年都持续盈利。过去10年它们提供了11.1%的平均年化收益率。下一组是10年中有9年盈利的股票，其平均年化收益率是7.1%，比第一组低了4个百分点。同时，第一组公司中只有占比为2%的6只股票在10年间的收益率为负。相比之下，第二组公司中持有股票10年收益率仍为负的比例为17%。第三组包括的是过去10年中有8年盈利的股票，其平均年化收益率是6.6%，其中28%的股票持有10年收益率依然是负的。这一组公司比上一组公司表现更差，亏损更多。我们可以继续比较下去，会发现有相同的趋势。

因此，如果投资者坚持投资那些持续赚钱的公司，蚀本的概率将大大降低，平均收益率也更高。

有人可能会好奇为什么表3.1中的收益率比过去10年间标普500指数的收益率要高。这一研究相对指数本身有几个偏差：

- 过去10年标普500指数的成分股变化了很多次，而在表3.1的计算中没有改变。
- 上述计算中没有包括股份权重的再平衡。
- 所有股票初始是等权重的。

我又对过去10年在美国股市持续交易的所有公司做了一次计算，结果如表3.2所示。

表3.2 美国股市所有公司的市场表现（2006—2016）

2006—2015年间盈利年数	盈利公司数量（家）	平均年化收益率（%）	亏损公司数量（家）	亏损公司比例（%）
10	1045	8.5	61	6
9	466	4.2	96	21
8	331	2.7	100	30
7	285	0.8	91	32
6	288	−1.4	99	34
5	306	−0.7	88	29
4	256	−3.3	83	32
3	208	−2.9	68	33
2	188	−4.2	55	29
1	204	−7.0	79	39

结论和标普500指数公司基本一致。在过去10年有3 577家公司连续交易。在这3 577只股票中，有1 045只股票（占比29%）所代表的公司每年都盈利。整体上，持有该组股票所产生的年均收益率是8.5%。而第二组9年持续盈利的公司，整体年均收益率为4.2%。前者的收益率上是后者的2倍。对于那些盈利6年或更少的公司，股票平均收益率为负，即使持有10年。总体而言，标普500指数公司的表现要高于平均水平。图3.2显示了总体趋势。

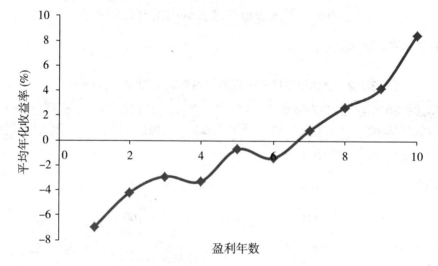

图3.2　过去10年在美国股市持续交易的3 577家公司股票收益率和盈利年数的关系

投资一家持续盈利公司的股票，亏钱的概率会大大降低。投资持续盈利超过10年的公司只有6%的机会可能会亏钱，而投资10年中有9年盈利的公司的股票有21%的机会会亏钱。这一趋势会继续，如图3.3所示。

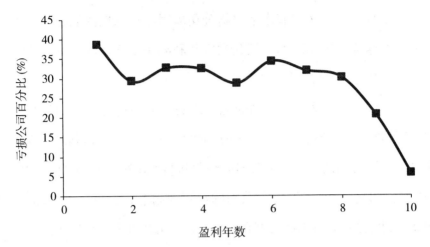

图3.3 过去10年在美国股市持续交易的3 577家公司股票亏钱概率和盈利年数的关系

有人可能会质疑这一研究存在生存偏见，因为它只考虑了10年前在交易现在仍在交易的公司。是的，这项研究确实存在生存偏见，但这种偏见对那些持续亏钱的公司有利。那些持续亏钱，甚至走向破产的公司没有被包括在内。如果它们也被包括在内，则亏损公司的整体投资回报率将更低，亏损公司的百分比也将更大。举个例子，我们在第一章提到过的SandRidge Energy公司，在过去的10年中有6年亏损，最终破产并摘牌退市，但是在计算股票亏损时它没有被计入表3.3。那些持续赚钱但是也退市的公司大多数是被溢价收购了。这个研究再次证明，时间是优质公司的朋友，却是平庸公司的敌人。

仅仅通过投资持续盈利的公司，投资者就能避免亏钱并且获得超过平均水平的回报。但是我们不能预测未来。即使一家公司过去一直盈利，也不意味着它未来会永远盈利，这就是为什么我们希望投资那些持续获得超过行业平均利润率的公司。如果一个公司能够长期维持高利润水平，它很可能拥有一个"经济护城河"，使其在竞争中得以保持定价权。更高的利润水平也给公司应对经济周期的低谷留下了空间，而在这样的困难时期，低利润率和利润率不稳定的企业可能会陷入亏损，并导致股价大跌。

什么样的利润率是足够高的呢？这是一个好问题。图3.4反映了前文引用的3 577家公司（在2016年6月前的12个月）的经营利润率水平分布情况。如图3.4所示，很多公司的经营利润率在3%至8%之间，中位数是10%。粗略统计，有29%的公司的经营利润率高于20%；16%的公司的经营利润率超过30%甚至更高；12%的公司在过去10年持续盈利，而且它们10年的中位数经营利润率超过20%。

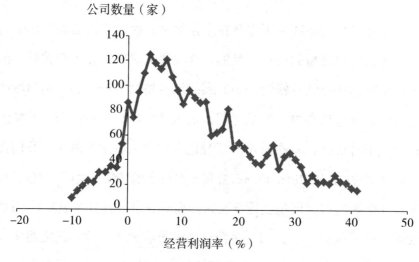

图3.4　经营利润率分布

如果我们要求连续10年经营利润率超过20%，那么在美国有12%（即429家）的上市公司符合，数量真的还不少。我们会进一步考察这些初步筛选出来的公司，并可能剔除其中的大部分。

有趣的是，只要公司过去10年持续盈利，这10年间公司的经营毛利率的绝对值对股票表现并没有统计学上的影响。如图3.5所示，对于在过去10年连续盈利的1 045家公司来说，其股票的年均回报率和公司的中位数经营毛利率水平在这10年间没有相关性。

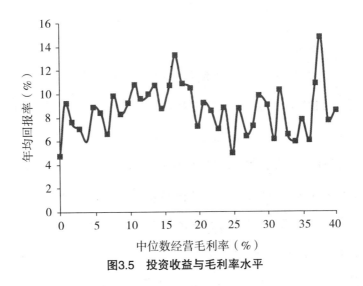

图3.5　投资收益与毛利率水平

经营毛利率的一致性和稳定性比它的绝对值更重要。但是我们仍然更喜欢那些有高利润率水平的公司，因为低利润率水平留下了更小的试错空间。

举个例子，表3.3给出了苹果（Apple）、好市多（Costco）和美国铝业（Alcoa）2006—2015年的历史经营利润率情况。

表3.3　三家公司2006—2015年的经营利润率

（单位：%）

财政年度	2006	2007	2008	2009	2010	2011	2012	2013	2014	2015
苹果	13	18	19	27	28	31	35	29	29	30
好市多	2.70	2.50	2.72	2.49	2.66	2.74	2.78	2.90	2.86	3.12
美国铝业	11.93	9.69	2.94	−8.12	2.61	6.01	2.00	−6.03	4.25	3.32

很明显，苹果的利润率水平大大高于好市多和美国铝业。尽管好市多的利润率低于3%，但是它的利润率水平很稳定。它的股价过去10年平均每年上涨了13%。美国铝业在2009年和2013年经济衰退时期陷入了经营亏损。在支付债务利息后，美国铝业在过去10年中有4年亏损。这只股票在过去10年中跌去了64%。

所以，为了判断一个公司是否是优质公司，持续盈利能力是要回答的最首要的问题。要永远记住彼得·林奇的至理名言："利润！利润！利润！"——成立公司的目的就是赚钱。只有那些赚钱的公司才能持续。拥有持续赚钱的能力是公司拥有美好未来的基本要求。这难道不是显而易见的道理吗？——只有健康地活着才有明天。

2. 这是一家能带来高投资回报的轻资产公司吗？

如果你有经营企业的经历，你就会知道运营一家重资产和资本密集型的公司有多么难。启动重资产业务更加困难，一旦公司开始运转，你需要不断地将收入的大部分投资于应收账款、存货以及包括厂房和机器设备在内的硬资产。

我的一个朋友曾经营过一家小型零售店。他不止一次地告诉他妻子他的生意赚钱了。他的妻子充满怀疑地问他赚的钱在哪里；他指着库房里成堆的还没有卖出去的商品说："就在这里。"

这就是当你经营一项资本密集型的生意会遇到的情况。你的现金永远比利润表上显示的利润少，因为收入的一大部分又被重新用于购买和维护设备、增加库存等。这是业务本身保持竞争力和实现增长所需要的。

如果一项生意是资本密集型的，新进入者想要进入会更困难，这是事实。但是如果一项生意既是轻资产，又有其他因素保护它免受竞争威胁岂非更好？！

巴菲特既投资过伯克希尔·哈撒韦的资本密集型纺织业务，也投资过现金牛公司喜诗糖果。两者带给了他冰火两重天的感受，使他转而买轻资产的公司——它们通常有更高的投资回报，并且只背负微不足道的债务。巴菲特指出："并非所有的盈利都是平等创造的。"如果一家重资产公司想要实现收入翻番（无论是由于通货膨胀还是真实增长），它必须翻倍地投入与存货和有形资产相关的资本。这样的公司必须创造出至少与它投入的资本同样多的市场价值才有意义，但这做起来并不容易。

相反，一家轻资产公司因为需要的资本投入更少而能带给股东的实际回报率更高。所以，轻资产公司能产生更高的投资回报率（ROIC）和股权收益率（ROE）。因为对资本的需求很少，轻资产公司通常很少负债，除非管理层非常激进，采用借钱的方式来支持业务增长和收购兼并。

这可以从图3.6显示的平均投资回报率和资本支出占经营现金流的

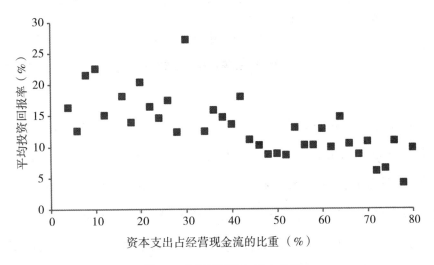

图3.6　投资回报率与资本支出

比重之间的关系中得到证实。该图显示了前文讨论过的3 577家公司的平均10年期中位数投资回报率和资本支出占经营现金流的比重之间的关系。趋势很明显：当一家公司只需要拿出经营现金流中更少的钱投资时，投资回报率的平均值就更高。

在过去10年，很少有公司能够做到投资回报率超过20%，即使是那些持续盈利的公司。图3.7反映了过去10年连续盈利的1 045家公司的投资回报率中位数的分布情况。

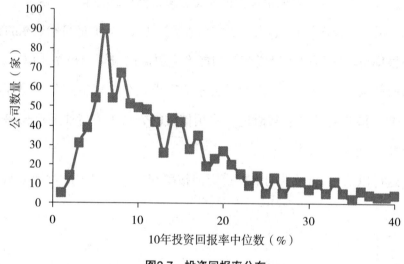

图3.7　投资回报率分布

大多数公司的10年投资回报率中位数低于15%，10年投资回报率中位数为6%的公司最多。投资者想要找到持续实现20%以上投资回报率的值得投资的公司就像海底捞针。在过去10年持续盈利的1 045家公司中，只有略高于20%的公司实现了每年超过20%的投资回报率。

并不令人意外的是，即使不考虑诸如股票估值等因素，股票表现和公司的投资回报率之间也有很强的相关性。1 045家持续盈利公司的平均股票收益率和10年投资回报率中位数之间的关系如图3.8所示。

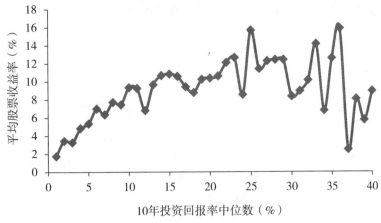

图3.8　股票收益率和10年期投资回报率中位数

在股票表现和10年期股权收益率中位数之间我们也能发现类似的关系。图3.9显示了1 045家公司10年期股权收益率的分布情况。

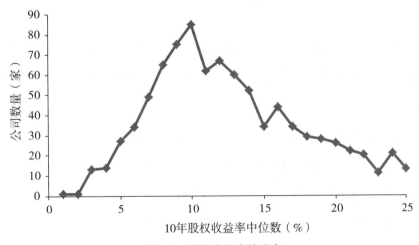

图3.9　股权收益率的分布

股权收益率的分布反映了与投资回报率相同的趋势。很少有公司能实现超过15%的长期平均股权收益率。那些确实给它们的股东带来远远超过平均回报水平的公司的股票收益率和股权收益率情况如图3.10所示。

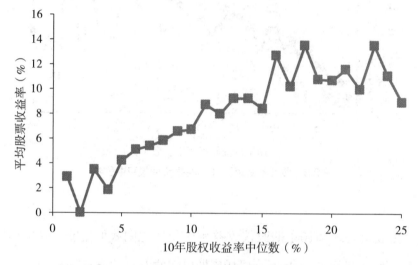

图3.10　股票收益率与10年股权收益率中位数

很明显，作为投资者，我们只要简单地投资那些持续盈利并提供高投资回报率和股权收益率的优质公司，就能获得超过平均水平的回报。

回到2006年，股票市场接近于2007年10月的上一个股市周期的顶点。今天，根据经周期调整的席勒市盈率，股市整体处于类似的估值水平，很可能接近本周期的高峰。从2006年至今的10年接近于一个完整的市场周期。优质公司的出色业绩因此构成了令人信服的证据，进一步证明了购买优质公司会产生超出市场平均水平的回报。

也有人可能会质疑说这是马后炮。如果往前看，那么过去10年持续盈利并获得高投资回报的公司，未来也并不一定仍会表现得很好。

的确如此。但是如果一个公司持续盈利并获得高回报，其价值也一定会持续地以高出其他公司的速度增长。在一个完整的市场周期中，公司价值总会体现在它的股价上。

巴菲特讨论过《财富》杂志的一个研究，这个研究的结论与他在1987年致股东的信中得到的结论相似。[2]《财富》杂志的研究表明，在1977年到1986年间，总计1 000家公司中只有25家能够达到连续10年平均股权收益率达到20%，且没有一年低于15%的双重标准。"这些优质公司也是同期股票市场上的明星，在25家公司中有24家的表现超过了标准普尔500指数。"

如果价值上升，价格迟早也会随之上涨。有些事情从不改变，就像物理规律一样。

3. 这是一家收入和利润都在持续增长的公司吗？

成长是对于优质公司来说的另一个至关重要的要素。如果一家公司能够长期稳定地增加它的收入和利润，同时维持它的利润率水平，那么这家公司在行业竞争中就占据了优势位置。当一家公司业务增长时，它的固定成本不会同比例上涨；这家公司甚至会看到利润率水平随时间在上升。这样它就能在销售同样多的商品的情况下赚更多的钱。这种情况经常发生在轻资产和不需要大量资本投资的公司身上。

图3.11是过去10年持续盈利的1 045家公司过去10年平均每股盈利（EPS）增长率的分布情况。我们能看到最常见的10年平均EPS增长率为每年7%。多数公司的EPS增长率低于每年10%。在1 045家公司中有13%过去10年的EPS在下降，尽管它们一直是盈利的。只有大约15%的公司的EPS增速能超过每年15%。

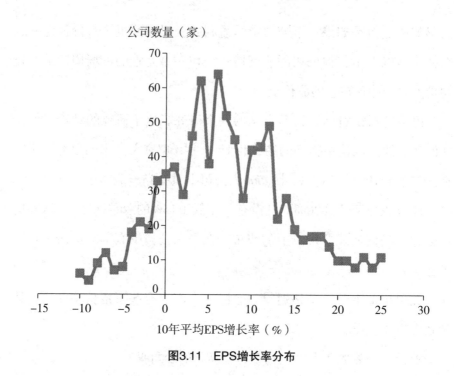

图3.11 EPS增长率分布

显而易见，一家快速成长的公司的企业价值增长会比一家慢速成长的公司更快。如果其他因素相同，快速成长的公司的股票也应该表现更好，这正是这组公司的情况。图3.12显示了1 045家持续盈利的公司的10年平均股票收益率和10年平均EPS增长率之间的关系。

在这些公司的EPS增长率和股票表现之间存在正相关性。那些过去10年一直盈利但EPS水平下降的公司表现最差。那些年增长20%的公司的股票收益率比那些年增长5%的公司的股票收益率平均高6%。投资快速成长公司的优势非常显著。作为整体，快速成长公司代表了寻找绩优股的更好方向。

在图3.12中我们能看到一个有趣的发现：如果两家公司在10年前有相同的市盈率，但是公司A以每年5%的速度增长，公司B以每年20%

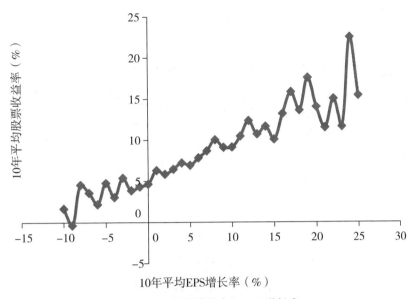

图3.12 股票收益率和EPS增长率

的速度增长,并且直到今天它们仍然有相同的市盈率,那么公司B与公司A之间的股价涨幅差距,应该与其盈利增长率的差距相同,即每年15%。但实际上盈利增长率胜出的15%只有一半转换成了股价表现上的优势,如图3.12所示。其中的差异是由快速成长公司10年间市盈率的收缩造成的。很少有公司能连续10年保持20%的增速,当快速成长公司的增长预期悲观时,通常其市盈率就会开始收缩。

除了增长率,增长的稳定性本身也在股市表现中起着重要作用。2008年GuruFocus做的一项研究发现,如果一家公司的盈利增长更稳定,那么其股票表现更好。根据收入和利润增长的稳定性,GuruFocus赋予每个公司一个预测性等级。我们今天重复了这一研究,发现了相似的结论。两项研究的结论显示在图3.13中。在10年间,那些拥有更稳定收入和盈利增长的企业与那些增长不稳定的企业相比,股票收益率每年高出5%。

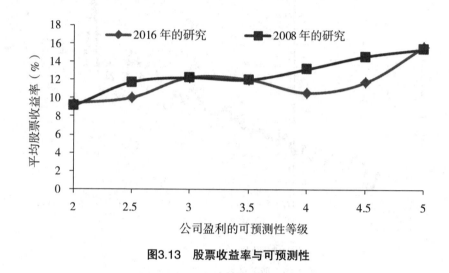

图3.13　股票收益率与可预测性

因此，买那些能够稳定快速增长的企业的股票，回报更大。

***

现在回到三个基本问题。答案应该回应我前边提供的什么样的公司是我们想买的优质公司的例子。

问题1：这是一家无论经济好坏都能贡献稳定利润的公司吗？

答案：是的。这家公司过去10年的每一年都盈利。它的经营利润率非常稳定，即使在上一个行业发展减速的经济萧条时期，也达到了两位数。

问题2：它是一项轻资产业务并且拥有高投资回报率吗？

答案：是的。这是一项轻资产业务，平均仅需拿出经营现金流的30%用于资本支出。它也是一项高回报的业务，投资回报率超过20%，股权收益率超过15%。

问题3： 公司的收入和盈利在持续增长吗？

答案： 是的。公司在过去10年的每股盈利都在以每年两位数的速度增长并且增长稳定，即使在经济萧条和行业下滑时期。

现在我们对上述三个问题都给出了肯定的答案。我们找到了有优秀历史业绩支撑的公司。然而，在我们投资这家公司之前，我们需要回答第四个问题——一个有关公司商业本质的更重要的问题。

4. 使这家公司过去有卓越表现的商业本质是什么？

这个公司未来的表现会像过去一样好吗？今天买股票的人的投资回报与这家公司未来的表现而不是过去的表现更相关。棒球名人堂教练Yogi Berra曾经说过："预测很难，尤其是关于未来的预测。"但是正像心理学预测一个人的行为时一样，对未来行为的最好预测因素就是"过去的行为"。一家在过去持续表现很好的公司比过去表现差的公司更可能在将来有好的表现。一家公司过去的成功更可能是由于其商业本质而非其他原因。

我们需要回答如下关于商业本质的问题：这家公司在未来5到10年能继续生产相同或类似的产品，或提供相同或类似的服务吗？它能通过简单地大规模复制过去做的事情而获得增长吗？保护它的定价权的因素是什么？

我们偏爱那些仅仅通过扩大业务规模就能获得增长的公司。这是巴菲特的观察，他写在1987年给伯克希尔·哈撒韦股东的信中写道：

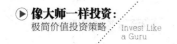

然而，经验表明，能够创造盈余新高的企业，现在做生意的方式通常与其5年前甚至10年前没有多大的差异。[3]

如果一家公司持续生产相似的产品，它就有机会持续提高效率，获得更多经验，就更有可能比其他人做得更好。它也有机会建立品牌和认知，甚至培养品味、习惯和偏好。经过一段时间以后，这家公司能建立起"经济护城河"，其他公司很难侵犯，从而维持自身的高回报。

如果这项产品或服务看起来平平常常并且有较短的消费者购买周期就更好了。再次想想像牙膏、香皂和避孕套这样的日用消费品。消费者习惯了某一品牌或偏好，购买时便不再比较。这样的购买习惯也给了公司巨大的定价权。这些生意很枯燥，一点也不酷，就像巴菲特在1987年谈及25家《财富》明星公司时所说的：

大多数的公司产业相当平凡普通，大部分现在销售的产品或服务与十年前大致相同（尽管数量更多，或是价格更高，或者两者兼而有之）。伯克希尔的经验也是如此，我们的专业经理人之所以能够缔造优异的成绩，在于做平凡的事，但重点是把它们做到极致。[4]

而如果一家公司生产的产品变化很快，新进入者就很容易进入并且做得更好。不断变化为新进入者创造了契机。新进入者通常规模很小而且由非常聪明和富有野心的人引领。他们能迅速做决定而且愿意冒险。想想智能手机市场。当黑莓是智能手机王者的时候，苹果还从来没生产过手机。特斯拉在13年以前还不存在，但是现在它拥有电动汽车市场的最大份额并且拥有生产世界上最酷汽车的美名。巴菲特写道：

> 不过一家公司若是需要不断调整改变，可能会增加犯错的机会。讲得更深入一点，在一块动荡不安的土地上，是不太可能建造一座固若金汤的城堡的，而具有这样稳定特质的公司却是持续创造高利润的关键。[5]

到目前为止，我只谈到了公司的品质方面——这也是当考虑是否投资一家公司时的关键要素。没有品质，就没有进一步考虑的必要。

公司的品质就像婚姻中的爱情。就像本章开头引用的故事，没有爱情，需要做对更多事情才能维持婚姻。这些事情构成了我没有触及的领域，包括管理职能、公司财务实力和股票估值。不是它们不重要，它们重要，但是从属于公司的品质。对于一家优质公司来说，它们通常不是问题。接下来我将更为详细地讨论这些因素。

管　理

管理可以对公司运营产生影响。但是如果公司不依赖于管理，甚至连傻瓜都能掌舵运营它，那就更好了。这样的公司有"经济护城河"保护它们避免犯错，或者一切按部就班地运转就可以达到无为而治。想想穆迪或麦当劳是怎么管理运作的。

公司的成功更多地依赖于商业的本质而非谁在经营。那些需要最

优秀的经理管理的公司通常不会长期幸运,"因为迟早会有一个傻瓜来运营这家公司"[6]。

个人投资者和小股东很少有机会近距离了解一个公司是如何管理的。运营的结果更多地是由商业本质而非管理者决定。巴菲特把糟糕的企业比作一艘漏水的船,或一辆总出毛病的汽车,或一匹瘸马。无论谁划船、驾驶或骑行,也不会更好。他写道:

> 从我个人的经验和对其他企业的观察中我得到一个结论,那就是一项优异的记录背后(从投资报酬率的角度来衡量)你划的是一条怎样的船更胜于你怎样去划(虽然无论一家公司好或坏,努力与才能都很重要)。[7]

对此,我完全赞同。

财务实力

稳健的财务实力当然是公司长期生存下去的关键。那些财务实力很弱的公司会导致投资者永久的亏损。一家有高回报的持续盈利的公司通常会产生比它维持增长所需要的更多的现金流,从而不需要借钱。本质上它有更强的财务实力。

你可以从图3.14和图3.15中看到这一点。图中的每个点代表一家公司,显示公司在利息保障倍数与10年投资回报率(ROIC)中位数地图上的位置。图3.14显示的是10年连续盈利的公司，图3.15显示的是10年中有7年或8年盈利的公司。很明显，图3.14中只有很少比例的公司的利息保障倍数低于5倍。图3.14中大多公司债务很少甚或没有债务，它们的利息保障

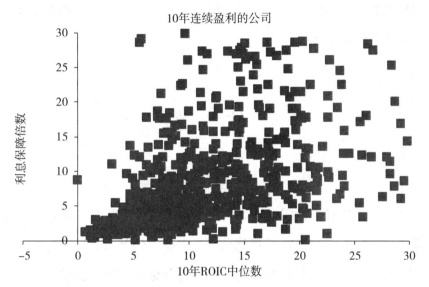

图3.14　利息保障倍数（10年连续盈利）

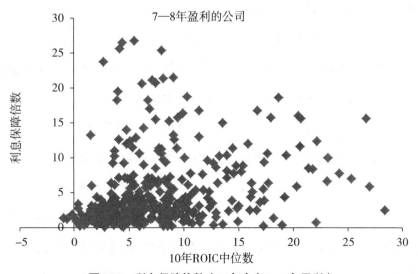

图3.15　利息保障倍数（10年中有7—8年盈利）

倍数超出了图表边界，因此没有在图中显示。图3.15中就不是这样的情况了。

在这两个图中，10年ROIC中位数高于15%的公司里，很少有利息保障倍数低于5倍的。一家有高回报的持续盈利的公司自然具有很强健的资产负债表和财务实力。

估　　值

估值当然对于投资者的总投资回报来说非常重要。你购买股票的溢价是多少，你的投资回报就会减少多少。但是买入一家持续盈利、高回报的公司的股票并且长期持有能稀释你的初始估值的影响。假设初始超付（overpay）20%，如果持有期是10年，就稀释为每年只超付1.8%，如果持有期是3年，就稀释为每年超付6.2%。

一家持续盈利和高回报的公司也比其他公司值得拥有更高的估值，因为它的内生价值增长更快。假设我们拥有两家公司，10年前的内生价值都是每股100美元。A公司的内生价值每年增长10%，而B公司的内生价值每年增长18%。10年后，A公司的每股内生价值是259美元，而B公司是523美元。再假设市场10年前认可B公司是一家更好的公司从而给出更高的估值；我们以每股50美元半价买入A公司股票，以100美元全价买入B公司的股票。10年后，B公司不再受市场追捧，两家公司都以内生价值的50%折价出售。投资者将从两笔投资中获得相同的回报，平均年回报率都是10%，尽管他们在初始投资B公司时付出了

A公司两倍的价格。

如果10年前市场给投资者70美元而不是100美元买入B公司的机会，B公司的年化投资回报率将是每年14.1%。尽管投资者对于拥有相同内生价值的B公司比A公司多付出了40%的价格，但投资B公司给投资者带来了连续10年每年额外4.1%的回报，因为B公司是一家更好的企业，其内生价值增长更快。

如果我们也能以内生价值50%的折扣购买B公司就更理想了。但是股票市场通常会给优质公司更高的估值。然而，花高一点的价格投资优质公司仍然是值得的。

以上可以说是巴菲特以合理价钱投资优质公司比以好价钱投资普通公司更好的数学证明。

查理·芒格说："优质公司和劣质公司的区别是优质公司可以使人做出一个接一个的轻松决定，劣质公司每每遭遇痛苦抉择。"[8]优质公司让投资者做容易的决定而且做更少的决定。

所有因素考虑在内，投资持续盈利、产生高回报而且成长中的优质公司是最重要的。只要公司是优质公司，其他条件水到渠成。你若盛开，蝴蝶自来。你若精彩，天自安排。

所以，只投资优质公司！

本章注释

[1] Peter Lynch with John Rothschild, *Beating the Street*, Simon & Schuster paperbacks, New York, 1993.

［2］Warren Buffett, Berkshire Hathaway shareholder letter, 1987, http://www.berkshirehathaway.com/letters/1987.html

［3］Ibid.

［4］Ibid.

［5］Ibid.

［6］USA Today, "Track Companies, Not Markets [Final Edition]," p. 04.B, March 7, 1989, McLean, Virginia.

［7］Warren Buffett, Berkshire Hathaway shareholder letter, 1985, http://www.berkshirehathaway.com/letters/1985.html

［8］Charlie Munger, USC Law Commencement Speech, https://www.youtube.com/watch?v=u81l7rM2yl8

第四章
再次强调，只投资优质公司——以及何处寻找优质公司

04

> "保持简单。"
>
> ——查理·芒格
> （Charlie Munger）

我重申了第三章的标题，因为读了这本书以后，如果有一件事你应该记住，那就是只投资优质公司！

这并不是说投资不合乎我们定义的"优质"公司就不会赚钱——这些公司的股票可能会让你赚很多钱。唐纳德·雅克曼没有投资克莱斯勒，是因为汽车业不是他想要投资的行业，而不是因为投资克莱斯勒不会赚钱。但是如果你只投资优质的公司，赚钱的概率会有很大的提高，而且投资的旅程也会更加愉快。

彼得·林奇可以在任何地方赚钱。他知道如何在每一个行业中、每一个投资环境下取得成功。他持有成千上万种股票。但你不一定要像林奇一样投资。如查理·芒格所说："你不需要无所不知，有几个成熟完整的想法便足矣。"[1]

一位女士的洗衣机发生了故障，于是她打电话找来一名修理工。修理工来了，研究了一下洗衣机，拿出一把锤子，狠狠地敲了洗衣机一下。洗衣机立刻恢复了工作。修理工给了女士一张200美元的账单。"200美元？"这位女士惊叹道，"你只是用锤子打了一下洗衣机而已

啊！"于是，修理工给了她一份明细账单："用锤子打洗衣机：5美元。知道该打在哪里：195美元。"

　　这个笑话常常被用来启发人们应该如何集中精力，应该在哪里集中精力。涉及投资，那就是集中"火力"只投资优质公司！然而，说起来容易做起来难，毕竟市场上机会众多，而且看起来一个比一个诱人。

　　如第一章中所述，林奇将投资机会分为六个类别。[2]我将对这六个类别一一进行检验，看看仅投资优质公司的想法是否适用于每一类投资机会。

资产处理型

资产处理型是指公司坐拥有价值的资产，但资产的价值却并没有反映在公司的股票价格上。现在这个时候，宝贵的资产往往是被低估了的房地产。这与我们在第二章中提到的深度价值投资，即股票价格比资产价值、净流动资产价值或净净营运资金低得多的情况类似。投资者应该避免深度价值投资，除非流动性极佳，清算所需时间极短；或者公司业务良好，能够产生足够的现金流来维持运营。

沃伦·巴菲特认为资产处理型投资很"愚蠢"，雅克曼则巧妙地把资产处理型比作以折扣价格购买闲置的工厂。还记得西尔斯吗？随着这本书的写作进程，西尔斯仍然在"解锁价值"，不过正如布鲁斯·贝科维茨在2016年7月28日发布的2016年半年度致股东的公开信中所承认的[3]，"（解锁价值的过程）比我们想象的要慢得多"。我觉得可以理解为"（希尔斯）所损耗的价值超过了我们所预期的"。

所以，还是避免资产处理型投资吧！

反 转 型

反转型公司是"受到重击,一蹶不振,甚至几乎无法进行到破产保护"的公司。[4]林奇从反转型公司中获利颇丰。盈利的秘诀在于,股价在公司运营困难期通常会遭受严重打击,一旦公司运营出现复苏,股价就会从底部强劲反弹。但是林奇也有很长的一个反转型公司列表,上面列着那些他希望自己从未买过的股票。

避免投资反转型公司。公司陷入困境这件事本身,就使它丧失了成为一个优质公司的资格。同时,很少有困境中的公司能完全解决它们所面对的问题,比如巴菲特在1979年致股东的公开信中所写到的,他试图扭转伯克希尔·哈撒韦公司(当时还是一家纺织厂)的过程中所感受到的痛苦:

> 我们运营公司和投资公司的经验表明:"反转"很少发生。同样的精力和才能,花费在以合理价格购买的优质公司上所产生的回报,比花费在廉价购买的经营不善的公司上的回报要好得多。[5]

几年前,我们见证了彭尼公司(JC Penney)试图反转的高调努力。激进投资者比尔·阿克曼(Bill Ackman)敌意收购了彭尼公司的大量股份后,请出了前苹果公司的零售店天才罗恩·约翰逊(Ron Johnson)来改进门店业务。但约翰逊无法复制他在苹果公司所实现的魔法,反转彭尼公司的努力失败了。阿克曼损失了他投资在彭尼公司上的10亿美元的60%,然后不得不放弃。

直到1980年,巴菲特仍在努力扭转伯克希尔·哈撒韦的纺织业务。他在同年致股东的公开信中写道[6]:

> 我们在过去的报告中提到过投资和运营反转型业务所带来的失望。几十年来,我们目睹了数十个行业的数百个可能的反转型公司,无论我们选择参与其中还是袖手旁观,我们都跟踪了这些反转型公司的表现,并将实际结果与预期结果进行了对比。我们得到的结论是,除了少数例外,当一个英明远扬的管理层空降到一家声名狼藉的公司来试图实现反转时,结果通常都是声名狼藉的公司继续保持其声誉。

这正是罗恩·约翰逊所经历的,他顶着苹果公司的光环也未能扭转彭尼公司。毕竟,苹果是苹果,彭尼是彭尼。

那么,巴菲特又是如何成功反转盖可保险公司(GEICO)的呢?巴菲特在1976—1979年以4 570万美元的价格购买了该公司三分之一的股份,并最终以23亿美元的价格购买了剩余的股份。20世纪70年代初,盖可保险公司的高管在估算索赔成本时出现了严重错误,致使公司低估了保费,并几乎导致公司破产。

按巴菲特的说法,他之所以投资于当时问题重重的盖可保险公司,是看到盖可的核心竞争力并没有减弱。他在1980年给股东的信中解释道[7]：

> 盖可保险公司当年的情况，与1964年色拉油丑闻之后的美国运通公司的情况十分相似。两家公司都是独一无二的。虽然被不良财务状况打击得暂时摇摇欲坠，但两者夯实的运营基础并没有受到影响。盖可和美国运通经历的这种情况，这种"一个优质公司的业务中出现了局部可切除的肿瘤（这一点仍需要经验丰富的外科医生来诊治）"的情况，应与真正反转型的情况区别开来。真正的反转型，通常都要求管理层有起死回生的能力。

我们可以看到，将真正的反转型与"局部可切除的肿瘤"区分开来的关键，是公司是否仍然具有曾经的"核心竞争力"和"优异的经济基础"。如果我们用这一条标准来考察西尔斯和彭尼公司，我们可以清楚地看到它们已经失去了核心竞争力，也不再有坚实的基础。两者无疑都是反转型，而且反转无望。

投资者也应该注意区分市场操纵和反转型，因为两者都可能导致股价下跌。市场操纵发生在费尔法克斯金融公司（Fairfax Financial）上。该公司是由价值投资者普雷姆·瓦特萨（Prem Watsa）创立的一家加拿大的保险公司。瓦特萨通过学习本杰明·格雷厄姆和约翰·坦普尔顿（John Templeton）而成为一名成功的投资者，并在巴菲特的影响下进入了保险行业。在他的领导下，费尔法克斯公司实现了自1985年以来账面价值每年增长20%以上的业绩。在2004—2005年，费尔法克斯金融公司受到了市场上有影响力的空头势力的攻击，一度曾与臭名昭著的财务操纵者、随后破产的安然公司（Enron）相提并论。在空头的攻击下，费尔法克斯金融公司的股价下跌了50%，由之前每股200美元左右的交易价格（在美国和加拿大均为此价格），跌至每股100美元。费尔法克斯起诉了卖空者，并将其美国市场的股票停牌。尘埃落定，费尔法克斯维持了其账面价值年均20%的增长速度，并在2008年的金融危机中通过做空市场赚得盆满钵溢。截至2016年10月，费尔法克斯的股票价格约为700美元。

费尔法克斯的股价波动来自股票操纵。空头的攻击损坏了其声誉，进而可能暂时影响了其保险业务，但其实并没有对费尔法克斯的业务造成实际伤害。实际上，卖空者为长期投资者创造了极佳的买入机会。

总而言之，反转型公司很少能够真正实现反转，因此不应被视为优质公司。然而，投资者可以在这类公司中找到很多好机会，关键在于找到那些有困难但仍具有"基本竞争实力"和"坚实的经济基础"的公司。避免投资纯粹的反转型公司！

周期型

周期性行业的产品需求每几年就会出现扩张和收缩的循环。周期性行业通常需要大量资本投资和重固定资产来维持运营。需求往往与经济周期同步。当需求开始扩张时，生产能力的扩张速度通常无法跟上需求扩张的速度；而当需求降低时，生产能力又迅速过剩。最常见的就是公司在需求旺盛的时候加大投资以扩张生产能力，但待生产能力扩张到可以满足最大需求的产量时，需求却已经开始收缩，结果就是利润大幅下降，并且债台高筑。

周期性极强的行业包括汽车、航空、钢铁、石油和天然气、化工等。有时，一个周期性行业可能顺风而起、扩张多年，进而伪装成非周期性行业。例如美国的住宅行业，因为利率下降而稳步扩张近十年，才最终崩塌。

周期性行业不是寻找长期持有的优质公司的地方。亚克曼不想买克莱斯勒，就是因为汽车行业的周期性太强。投资者也应远离周期性行业。

虽然霍华德·马克斯说过"时间会证明大多数行业都是周期性的"[8]，但是有些行业肯定比其他行业的周期性要强。识别周期性行业的一个方法是研究其过去至少10年内（尤其是经济衰退期间）的销售和利润的走向。图4.1就是一个例子。

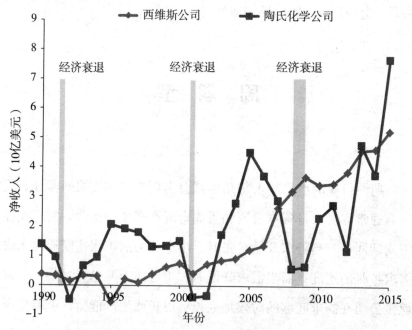

图4.1　西维斯公司（CVS）和陶氏化学公司（Dow Chemical）的净收入

图4.1显示了西维斯公司和陶氏化学公司的净收入。图中的灰色部分标记出美国经济陷入衰退的时期。陶氏化学在衰退期间的净收入大幅下降。在2002年的经济衰退中，陶氏化学的运营出现亏损；在2008年的经济衰退中，其净收入从每年40亿美元降至10亿美元以下。而西维斯的净收入几乎完全不受经济衰退的影响。

显然，陶氏化学是一个周期型公司，而西维斯则不是。长期投资周期型公司的回报并不高，若是采用杠杆则可能是非常危险的。许多周期型公司都无法捱过经济衰退期，最终破产。想想我们听说过的就有多少破产了的汽车制造商、航空公司、矿业公司和石油勘探商吧！这类公司无法满足我们定义优质公司的重要一条，那就是拥有长期的、持续的盈利能力。避免投资周期型公司！

慢速增长型

慢速增长型公司通常是经历过了高速成长期之后增速稳定了的公司。这类公司的收入来源过于广阔，很难找到新的增长点。因此，它们的收入增长速度并不会比经济增长速度快多少。想想沃尔玛、微软、宝洁和强生等公司，它们都是慢速增长型。这些公司通常具有高盈利和高回报。我们在上一章中提出了判断一家公司是否为优质公司的关于盈利能力、投入资本回报率及增长的三个条件，慢速增长型公司满足条件1——具有长期、持续的盈利能力，也满足条件2——投入资本回报率高，但并不能满足条件3——慢速增长型公司无法达到两位数的增长。

如果能够以相对于其历史平均水平偏低的估值水平来投资慢速增长型的公司，回报率通常还是不错的。如果想构建一个保守且追求分红收入的投资组合，那么慢速增长型是很好的选择。我将在第八章中进一步讨论这一点。

稳健增长型

稳健增长型公司通常是中等规模，增长率为不太高的两位数，同时未来仍具有非凡潜力的公司。在稳健增长型公司中最容易找到符合具有长期盈利能力、高回报率以及两位数增长率这三个条件的优质公司。这些公司以较快的速度增长，并且有良好的历史记录。持有这类公司的股票可能并不刺激，不会带来短期的高回报，但长期投资这类优质公司的风险很小，风险调整后的收益巨大。

稳健增长型的公司可能在某一年内增长较慢，在另一年内增长较快。因此，我们无论是看增长、盈利能力还是投入回报率，都需要看长期的平均水平。我们需要分析公司成长速度比历史平均速度缓慢的原因，进而判断增速的放缓是暂时的还是长期的。增速放缓的原因可能是产业转型破坏了公司曾经拥有的"经济护城河"，也可能是公司在现有或新的管理层的影响下偏离了从前的轨道。投资者需要持续关注这些公司的增长和盈利能力。没有公司是完美的、从不犯错的。

我在GuruFocus的一站式筛选器中创建了一个优质公司筛选器，

第四章 再次强调，只投资优质公司——以及何处寻找优质公司

目的就是帮助读者找到这些稳健性增长公司。读者只需按照以下步骤查询：GuruFocus.com → All-In-One Screener → GuruFocus Screeners → Good Companies。同时，我也创建了一个投资组合，用于监控在筛选器上出现的股票（自2016年8月份起）的表现。

通过这个筛选器，我们找到了汽车地带、阿美特克（AMETEK）公司和杰克·亨利公司（Jack Henry & Associates）。这些公司运营稳定，利润持续增长，投入资本回报率高，且仍然具有增长空间。它们的股票在过去10年中也表现得非常好。

林奇通常在持有一到两年后，在股票涨幅达到50%时出售稳健增长型公司的股票。但稳健增长型公司也可能长期持续地增长。因此，长期持有其股票通常是值得的，毕竟卖出以后需要缴纳资本利得税，并可能错失了再次购买这些优质公司股票的机会。想想汽车地带吧，历史上没有任何一个时间是出售其股票的"好时机"。该公司的收入增长率常年保持在15%左右，甚至在经济衰退期也不例外，长期持有其股票将获益颇丰。

快速增长型

快速增长型的公司是那些维持20%以上增速的公司。这些公司通常规模小、扩张性强、历史短暂。这是林奇最喜欢的领域。他在快速增长型的公司中发现了很多好的投资标的，最终获得了10倍、20倍甚至更高的收益。

林奇指出，快速增长型的公司不一定只存在于快速增长的行业。理想情况下，它们会从行业现有公司手中抢夺市场份额。虽然投资快速增长型公司的潜在收益巨大，但是潜在风险也很高。快速增长型公司可能成长得太快，并在成长过程中背负了过多债务。华尔街的高期望通常将其估值提高到无法维系的水平。任何微小的增长放缓都会对它们的股票造成严重的负面影响。

Chipotle墨西哥烧烤是一个快速增长型公司的好例子。这家快餐连锁店在过去10年中平均每年增长20%以上。该公司的增长态势似乎不可阻挡，在不停开设更多分店的同时，还能维持两位数的同店销售增长率。公司股票的市盈率在2014年一度超过了50倍。然后，在2015年，Chipotle多家店面爆发诺罗病毒，面临联邦调查。同店销售随即出现下滑，股价也从2015年的高点下跌了近50%。

在快速增长型公司中，几乎找不到已经在长期中证明自己的优质公司，因为这类公司通常没有足够长的历史。然而，随着时间的推移，其中一些公司会逐渐发展成为我们一直在寻找的优质公司。

总而言之，对于只想投资优质公司的投资者，我建议不要考虑林奇提出的六大类别中的资产处理型、周期型和反转型公司。同样，在快速增长型和慢速增长型公司中也很难找到符合条件的公司。只有稳健增长型公司才最有可能满足优质公司的一系列条件。再次强调，这些条件是：

- 长期的、持续的盈利能力。
- 高回报，表现为投资回报率高、股权收益率高。
- 高于平均水平的增长。

如果你是一个修理工，你得知道锤子打在哪里才能修好机器。

不同行业的周期性

不同行业的周期性是需要进一步探讨的问题。这也是亚克曼在选择投资标的时首先关注的事情之一。他喜欢产品周期长且消费者购买周期短的公司,换句话说,非周期型的公司。正如霍华德·马克斯所指出的,大多数公司都是周期型。在周期的底部,对产品的需求减缓。销售额的小幅下滑都可能导致公司利润的大幅下降,这是因为成本无法像需求一样迅速降低,甚至降低成本的努力本身也会提高成本。

由于业务的性质,部分行业无法为股东创造持续的良好回报。投资优质公司意味着要完全避免投资这些行业。前面我列举了汽车、航空、化工、钢铁、能源等行业都是周期性行业。我下面要详细阐述这些公司的周期性。

基础材料行业是其中之一。图4.2显示了基础材料行业中目前上市的732家美国公司的历史总收入。其中包括农产品、建筑材料、化工、煤炭、林产品、金属和采矿等行业的公司。

我们可以看到,在1992年、1998年、2002年、2008年和2015年期间,基础材料行业的收入下降。其中,1992年、2002年和2008年的收入下降与经济衰退有关。大多数情况下,这些公司的总收入都比前几年减少了几个百分点。即使在经济形势大好的1999年、2006年和2010年,该行业的平均利润率也只有6%以上。因此,收入的几个百分点的微小下降，也导致了该行业总利润的大幅萎缩（如图4.3所示）。

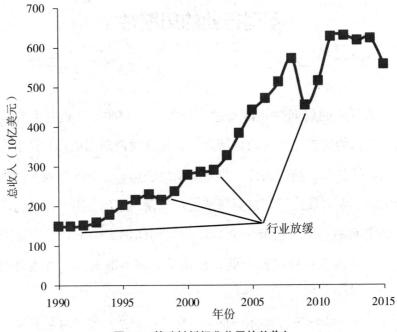

图4.2　基础材料行业公司的总收入

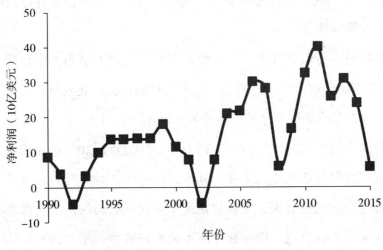

图4.3　基础材料行业公司的净利润

在1992年和2002年，基础材料行业损失惨重。在2008年和2015年，该行业与前几年相比，利润减少了80%以上，行业整体几乎没有盈利。基础材料行业属于资本密集型和资产密集型产业，这一点使得该行业在需求下降时难以快速调整成本。该行业的产品通常是大宗商品，公司对产品没有提价的能力，使得行业整体难以通过提高产品价格来弥补需求的降低。这些都是基础材料行业周期性强的原因。

该行业内各公司的股东通常会注意到，他们投资的公司，每隔几年就会在盈利和亏损之间大幅摇摆。许多公司无法捱过经济困难的时期，最终走向破产。正如巴菲特所说："任何一家销售大宗商品类产品的公司，都不会比他最愚蠢的竞争对手聪明几分。"[9]所以公司间的竞争主要体现在价格上。同时，这些公司还有相似的盈利和亏损周期，这导致该行业的任何公司都无法产生长期的、持续的收益。

因此，生产农产品、建筑材料、化工、煤炭、林产品、金属的公司不是很好的投资对象。林奇曾经说过，销售商品类产品的公司都该贴一个警告标签："竞争可能对人类的财富有害。"避免投资这类公司！

在能源行业和消费者周期性行业中也可以观察到类似的模式。图4.4和图4.5描述了这类行业的收益。我们可以看到，消费者周期性行业确实是周期性的。这个行业包括汽车、娱乐、制造、旅游休闲和奢侈品等子行业。这些行业在经济衰退期间总会蒙受沉重的损失。在这些行业中很难建立起持续盈利的公司。

对于高科技行业，硬件和软件公司的表现有很大的不同。硬件生产商比如电信设备生产商和计算机公司通常对资产和资本的要求都偏高。因此，这些公司更容易受到经济周期的影响。由于技术的不断变化，硬件公司要保持长期竞争力是困难的。

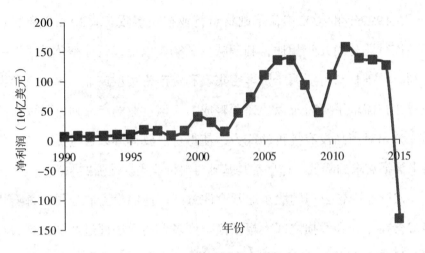

图4.4 能源行业的净利润

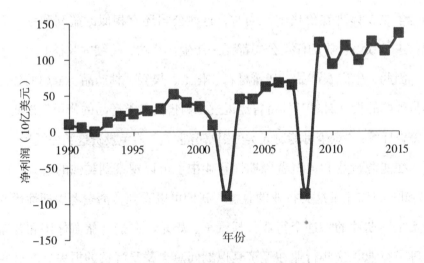

图4.5 消费者周期性行业的净利润

但是，一些软件公司的产品和服务则是在相对变化不大的领域内。例如，微软和谷歌已经建立了自己的"经济护城河"，成为拥有稳定盈利能力、高投入资本回报率、高增长的优质公司。例如，一家名为安矽思（Ansys, Inc.）的公司生产的模拟操作软件被广泛应用于航空航天、国防、汽车、建筑、医疗、能源等行业。该软件需要在实际生产中经过反复测试和验证。一旦证明该软件可靠，没有客户会想要冒险改用另一家公司的新软件；安矽思也就因此建立起了护城河。

近二十年来，银行业似乎不太受经济周期和经济衰退的影响。银行业稳健的增长主要由房地产开发业务的扩张所支持，直到2007年因为房地产危机戛然而止。一家银行的业务可能很简单，比如小型社区银行，其资产只有保守的房屋抵押贷款；也可能复杂而庞大，谁也搞不清楚它投资了些什么。巴菲特总体来说不喜欢银行，他直到1990年才买了银行股——富国银行（Wells Fargo）的股票。他在1990年给股东的信中写道[10]：

> 银行业不是我们的最爱。当资产是股权的20倍时——这个比例在银行业很常见——只涉及一小部分资产的错误就可能会破坏大部分股权。几乎所有银行都会犯错误，基本没有例外。其中大多数情况是由"制度性强制力"造成的。这指的是管理层常犯的一类错误——不加思考地模仿同行的行为的倾向，即使同行的行为非常愚蠢。许多银行在贷款时狂热地模仿行业其他领导者，现在它们也要接受类似的命运。

花旗集团（Citigroup）正是这样在其前首席执行官查尔斯·普林斯（Charles Prince）的领导下陷入困境的。在次贷危机深重、流动性下降、市场恐慌时，花旗集团仍维系所有杠杆收购交易的承诺。关于这一点，这位前首席执行官有句名言："只要音乐还在播放，你就得继续跳舞。"

我曾经听过这样一个笑话：

如何成为一个成功的银行家？只要遵循三条原则：第一，不要贷款给没有偿还能力的人；第二，不要贷款给真正需要贷款的人；第三，不要贷出自己的钱。

在21世纪初的房地产热潮中，大多数银行家只记得第三条原则。巴菲特认为管理层的素质是银行运营成功与否的关键。他在1990年的信中说：

因为20∶1的杠杆放大了银行管理上的优点和缺点，我们没有兴趣以"便宜"的价格购买管理不善的银行的股份。相反，我们唯一的兴趣是以公平的价格买入管理良好的银行的股份。

芒格在每日期刊公司（Daily Journal Inc.，芒格担任主席）2016年的股东大会上重申了这一点[11]：

我认为，任何人都不会在对银行管理层的能力没有了解的情况下购买该银行的股份。银行业的报告可能极具欺骗性，报告上的大额利润可能是尚未真正获得的。因为这一点，对投资者而言银行业是非常危险的领域。如果对银行业并没有深入的了解，你应该（避免它）。

林奇最爱社区银行以及信贷社。这些小银行的业务要简单得多，从中可以找到更为保守的银行。

相对来说，医疗保健行业和消费者防御性行业对经济周期不那么敏感。毕竟，人们生病时总是要去看医生。消费者防御领域包括食品、饮料、烟草和其他低价日用消耗品。消费者对这些产品的价格变动不敏感——即使价格上涨，也仍然要购买，这就给了日用品公司定价权。日用品公司的产品消费者每天都要用到，因此购买周期短，从而是亚克曼的首选。此外，这类产品通常很简单，同时寿命很长。例如，自1972年伯克希尔·哈撒韦收购了喜诗糖果公司以来，该公司一直在做同样的糖果，因此公司所需的资本投入并不多。这是一个诞生了许多伟大公司的领域。投资者可以参与这些业务的增长，并可以通过购买并长期持有股票来获得回报（见图4.6和图4.7）。

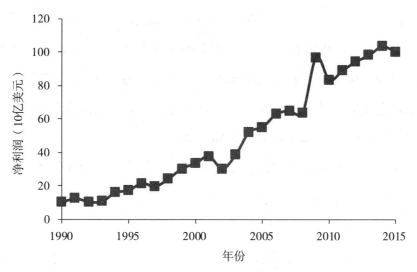

图4.6 医疗保健行业的净利润

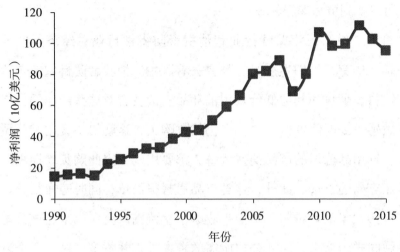

图4.7 消费者防御性行业的净利润

这也是著名的价值投资者汤姆·拉索（Tom Russo）三十多年来一直在做的事情。他的投资组合中有60%以上是雀巢（Nestle）、喜力啤酒（Heineken）、安海斯-布希（Anheuser-Busch）、保乐力加（Pernod Ricard）等食品和饮料公司，以及菲利普·莫里斯（Philip Morris）及其姐妹公司奥驰亚（Altria）等烟草公司的股票。购买这些高回报且持续盈利的公司股票的风险很小，可以长期持有。他的投资组合的季度周转率不到2%，同时具有极佳的长期业绩。

尽管零售业属于防御性行业，但投资者仍然需要对其保持警惕。关于这一点，巴菲特在1995年给股东的信中写道[12]：

> 零售业公司不易盈利。在我的投资生涯中，我看到一大批零售商在一段时间内惊人地成长，创造超常的回报率，然后突然开始走下坡路，甚至一路陷入破产。这种一飞冲天而后一落千丈的现象，在零售业中比在制造业或服务业中更常见。在某种程

度上，这是因为零售商必须日复一日地长久地保持聪明。你的竞争对手总可以轻易复制你做的任何事情，然后取代你。在零售业中，新的商家随时都会出现，如同一股新的洋流，以各种可能的方式试图带走你的客户群体，随波逐流就会导致失败。

总而言之，只投资优质公司的宗旨就是投资者应避免投资于基础材料、计算机硬件、电信和半导体等周期性强的行业的公司，无论机会如何有吸引力。这类业务的性质，使得建立持续盈利的公司这一目标几乎不可能实现，不论是对于什么样的管理层来说。消费防御性行业和医疗业几乎是非周期性的，在这一领域我们更可能找到具有高回报和持续盈利能力的优质公司。

摘星揽月与瓮中捉鳖

坚持投资优质公司也意味着我们将会错过一些表现最好的股票。当我对过去10年持续交易的3 577家公司进行排序时，表现最好的50只股票的年均涨幅达到25%以上。在这50只股票中，有6只是生物科技股票，5只是软件业股票。过去10年回报率最高的股票中的大部分都在这两个行业中诞生。如果我们坚持只投资于具有长期优秀业绩的优质公司，那么我们不太可能抓住这两个行业中的任何一个机会，因为这些行业的公司10年前都够不上一家优质公司的标准。即使在今天，这些行业中也少有公司够格。

我们先来看看生物技术行业中有着最优回报的公司股票。表现最好的公司是Medivation Inc.，其股票在过去10年中平均涨幅接近50%。10年前，公司没有收入，每年亏损数千万美元。同样是10年前，该公司市值已经超过1亿美元。为什么一家没有任何营业收入的公司的市值会超过1亿美元？任何理性的投资者都不会买入该公司的股票。又一年过去，该公司仍然没有营业收入，同时其市值增长至超过4亿美元。Medivation最终实现了盈利——现今其年收入接近10亿美元，净利润超过2.5亿美元。但Medivations是直到2014年才实现盈利，当时它的市值已经增长至超过70亿美元。2016年10月，该公司的市值超过百亿美元。该公司最终被辉瑞（Pfizer）以140亿美元的高价收购。

10年前，谁能确认Medivation会有现今的表现？谁能预见10年内，公司的收入会从零增长到近10亿美元？即使对于具有丰富的行业知识和敏锐的行业洞察力的投资者，这看起来也几乎是不可能完成的任务。在10年前寻找这样一个机会就如同摘星揽月一般。

现在我们来看看10年内表现第二好的生物科技股——BioSpecifics科技公司。在过去10年中，该公司的股票每年涨幅达到43%。10年前，该公司的市值为区区500万美元。2006年，其收入从2005年的550万美元减少到190万美元，并且同年亏损了330万美元。即使在今天，公司也只有每年2 300万美元的收入、1 000万美元的净利润。同时，其当前市值为2.84亿美元。虽然收益是有吸引力的，但10年前其500万美元的市值，对于很多投资者来说太低了，即使是个人投资者，何况当时该公司还处于严重损失亏损之中。

在软件行业，两家股票表现最好的公司分别是亚太交换中心（EBIX Inc.）和泰勒科技公司（Tyler Technologies）。保险软件提供商亚太交换中心在过去10年内获得了平均40%的收益。泰勒科技公司为地方政府提供管理软件，过去10年每年增长30%。2006年时，亚太交换中心的收入低于3 000万美元，泰勒科技公司的收入不到2亿美元，因此它们在当年并不被看好。两家公司都是直到接近2006年才开始实现盈利，因此它们当时都不符合优质公司"具有长期、持续盈利能力"这一标准。

同样的原因也会让我们错过过去10年内一些其他表现最好的股票，如亚马逊、苹果和Priceline。这些公司在当时还未能证明自己具有持续的盈利能力。听起来很糟吗？不，因为坚持这一标准也会让我们躲过其他最终带来损失的股票。

让我们把思绪带到2006年市场上所有的生物科技股票。2006年年初，在美国有210家年销售额不到1亿美元的生物科技公司，包括后来因被收购或破产而退市的公司。其中67家（32%的）公司在接下来的几年中破产。40%的股票在持有10年后仍然是负收益。这210家公司盈利的中位数为–80%（亏损80%）。如果我们只考察销售情况类似于表现最好的Medivation和BioSpecifics的90家公司，其中70%的公司后来破产，87%的公司的股票下跌幅度超过90%。

软件行业的情况稍好一些，然而选择到输家的概率仍然很高。2006年在美国上市的收入不足1亿美元的357家软件公司中，后来有20%以破产告终。超过57%的公司股票在持有10年后仍然是负收益。这357家公司的盈利中位数为–28%（即亏损28%）。在这样的公司中选中赢家的概率有多大？如果你没有选中赢家，将会损失深重。

我们再来看看那些在2006年就符合我们定义的优质公司条件的公司，在过去10年中，它们的投入资本回报率的中位数超过了20%。我

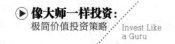

们在2006年年初找到了205家公司。假设我们持有这些公司的股票10年，其中将有5%的公司破产，有31%的公司股票在持有10年后仍是负收益。这205家公司的盈利中位数高达34%。总的来说，亏损的机会要小得多。

如果说下注到最优股就像摘星揽月，那么以合理价格购买优质公司就像瓮中捉鳖。你可能不会得到明星公司，但你会得到很多优质公司，比如零售连锁公司美元树（Dollar Tree），以及小苏打和安全套制造商Church & Dwight。更重要的是，你避免了很大的损失。

因此，通过只购买优质公司，我们就关注了一个更好的投资领域。我们通过购买那些已经自我证明了的公司来降低损失本金的概率。我们选择股票的范围比林奇的小。我们只在优质公司的范围内选择。我们不想参与有大概率损失金钱的机会。

芒格说过："我只想知道我会死在哪里，这样我就可以永远不会去那里。"

我想用巴菲特的名言来结束这一章：

> 对于大多数投资者来说，重要的不是他们知道多少，而是他们如何准确地界定他们不知道什么。只要投资者能够避免大错误，那么他或她就不需要做其他太多事情了。[13]

本章注释

[1] Charlie Munger: *Poor Charlie's Almanack: The Wit and Wisdom of Charles T.*

Munger, Donning Company, 2005.

[2] Peter Lynch with John Rothschild, *One Up on Wall Street*, Simon & Schuster paperbacks, New York, 1998.

[3] Fairholme Fund Semiannual Shareholder Letter, 2016, http://www.fairholmefundsinc.com/Letters/Funds2016SemiAnnualLetter.pdf

[4] Peter Lynch with John Rothschild, *One Up on Wall Street*, Simon & Schuster paperbacks, New York, 1998.

[5] Warren Buffett, Berkshire Hathaway shareholder letter, 1979, http://www.berkshirehathaway.com/letters/1979.html

[6] Warren Buffett, Berkshire Hathaway shareholder letter, 1980, http://www.berkshirehathaway.com/letters/1980.html

[7] Warren Buffett, Berkshire Hathaway shareholder letter, 1980, http://www.berkshirehathaway.com/letters/1980.html

[8] Howard Marks, *The Most Important Thing: Uncommon Sense for the Thoughtful Investor*, Columbia Business School Publishing, 2013.

[9] Warren Buffett, Berkshire Hathaway shareholder letter, 1990, http://www.berkshirehathaway.com/letters/1990.html

[10] Warren Buffett, Berkshire Hathaway shareholder letter, 1990, http://www.berkshirehathaway.com/letters/1990.html

[11] http://www.gurufocus.com/news/394902/seeking-wisdom-from-charlie-munger

[12] Warren Buffett, Berkshire Hathaway shareholder letter, 1995, http://www.berkshirehathaway.com/letters/1995.html

[13] Warren Buffett, Berkshire Hathaway shareholder letter, 1992, http://www.berkshirehathaway.com/letters/1992.html

第五章

以合理价格投资优质公司

"凡是值得做的事情都值得慢慢做。"

——梅·韦斯特

在前面两章中，我分析了哪几类公司算得上我们会投资的优质公司，以及在哪里找到它们。但是，只投资优质公司本身并不能保证投资回报高，还要以合理的价格购买优质公司的股票。我再次强调，如果你购买优质公司的股票，只要公司的业绩保持良好，公司的价值不断增长，你就不必担心资本永久性损失的风险。但是，如果购买的价格超过了合理的范围，那么你每多付的一分钱都会降低你的资本回报率。

例如，伴随着股市泡沫的增长，沃尔玛的股票在1996年起的三年内增长超过500%，股价在1999年年底达到了70美元左右。然后，那些在1999年年底购买沃尔玛股票的人，在持有12年后才实现盈亏平衡。即使在2016年，沃尔玛的股价只比16年前高一点点。沃尔玛在1999年肯定符合优质公司的标准——它长期持续盈利；股本回报率在15%左右；并且利润一直维持两位数的增长。1999年的问题是，股票被高估了。1999年年底，它的市盈率为60倍，而今天它的市盈率仅为16倍。沃尔玛的收入从1999年起翻了两番，但在1999年买入的人并没有受益，因为他们付出的价格过高。

可口可乐也是一个例子。该公司的股票在1998年年中的成交价为43

美元（分拆调整后）。18年后，股票的成交价还要低于43美元。可口可乐是一个伟大的公司。沃伦·巴菲特于1988年就投资了可口可乐。20世纪90年代，投资可口可乐的资本回报率高达30%以上。但从1998年年中到今天，股票价格基本没有上涨多少。其原因与沃尔玛的一样。可口可乐的股票甚至比沃尔玛的股票被高估得更多。1998年年中，股票的价格在市盈率95倍。投资者在18年内获得的唯一回报是股息，平均仅2%。伯克希尔·哈撒韦拥有的4亿股可口可乐股票在18年前价值170亿美元，今天的价值还是这么多。

提醒你，你可以使用GuruFocus的互动图表查看历史市盈率和股息率以及众多其他重要的统计数据。

巴菲特也有点后悔当初没有在1999年股市泡沫破裂前卖掉被严重高估的可口可乐的股票。他在2004年给股东的信中写道：

> 然而，我接受一切关于我在泡沫中只谈论高估值，却没有动手卖掉高估值股票的批评。虽然我当时说过，我们所持有的一些股票的价格已经超过了其自身的价值，但我低估了价格高估的严重程度。我在应该动手的时候只动了动嘴。[1]

因此，只有以合理的价格买入股票时，才可能获得满意的回报。

在前面的章节我曾将长期持有伟大公司与婚姻进行比较。查理·芒格说，幸福婚姻的秘诀在于找到一个期望不高的人。这也适用于投资者与一家优质公司的"婚姻"。市场的期望过高造成价格高估，这不会给投资者带来满意的结果。

那么，什么样的估值是合理的呢？评估公司价值的方法有很多，每种方法可能适用于不同的情况，完全取决于公司本身的业务类型。我将在第九章中进一步详细讨论不同的估值方法。这里，我将重点介绍两种最常见的方法：现金流折现（DCF）模型和市盈率（P/E）。两种方法都有局限性，都不具有普适性，但都可以用于我们设立的标准下的优质公司。在评估公司的合理价值时，两种方法的最终结果是相同的。

现金流折现模型

现金流折现(DCF)理论由约翰·伯尔·威廉姆斯(John Burr Williams)于1937年在其哈佛大学的博士论文中最先提出。1938年,这篇博士论文作为一本书出版,书名为《投资价值理论》(*Theory of Investment Value*)。[2]模型的理论可以总结为:

任何股票、债券或公司当前的价值,都取决于未来特定期间内的预期现金流以适当利率贴现的总量。

DCF模型研究的是未来的现金流。但我们只知道过去。我们需要对未来作出一些假设,尽管其中许多假设是基于公司过去的营业情况。这些假设包括:

- 公司未来的增长率;
- 公司的预计寿命;
- 折现率。

假设公司目前一年产生自由现金流$E(0)$,增长率为g,在n年后,公司将获得的收益为:

$$E(n) = E(0)(1+g)^n$$

n年后公司的收益$E(n)$的现值要比$E(n)$少;未来收益必须要折现为

现值，等于：

$$E(0)(1+g)^n/(1+d)^n = E(0)[(1+g)/(1+d)]^n$$

其中，d 是贴现率。如果公司持续以增长率 g 增长 n 年，那么这些年的总收入将是：

$$E(0)\{(1+g)/(1+d) + [(1+g)/(1+d)]^2 + [(1+g)/(1+d)]^3 + \cdots + [(1+g)/(1+d)]^n\}$$

$$= E(0) \, x \, (1-x^n)/(1-x)$$

其中，$x = (1+g)/(1+d)$。

显然，没有任何公司可以永远增长。在某个时刻，增长总会放缓，并最终停止。但是，只要公司的业务依然产生现金流，公司就仍然具有价值。因此，我们将公司前景分为两个阶段。一个是增长阶段，另一个是终值阶段。假设增长阶段为 n 年，增长率维持在 g；之后进入终值阶段，业务增长率稳定在 t 并维持 m 年。那么，公司的终值为：

$$E(0) \, [(1+g)/(1+d)]^n \{(1+t)/(1+d) + [(1+t)/(1+d)]^2 + [(1+t)/(1+d)]^3 + \cdots + [(1+t)/(1+d)]^m\}$$

$$= E(0) \, x^n y \, (1-y^m)/(1-y)$$

其中，$y = (1+t)/(1+d)$。

综合一下，DCF 模型认为，企业的内在价值可以用这个方程来计算：

内在价值 = 增长阶段的未来收益 + 终值

$$= E(0) \, x \, (1-x^n)/(1-x) + E(0) \, x^n y (1-y^m)/(1-y)$$

其中，$x = (1+g)/(1+d)$，$y = (1+t)/(1+d)$。

这是基于贴现收益的内在价值方程。以下是在等式中使用的参数：

$E(0)$ = 当前收益（这里我没有明确区分收益和自由现金流，因为该公式对这两种情况同样适用）

g = 增长阶段的增长率

d = 贴现率

t = 终值阶段的增长率

n = 增长阶段的年限

m = 终值阶段的年限

GuruFocus创建了一个基于DCF模型的两阶段估值计算器。我们采用的默认假设为：增长阶段持续10年，期间增长率等于过去10年的平均每股收益增长率和20%两者中较低者；终值阶段也持续10年，终值增长率为4%。我们使用每股收益（除去非经常性收益的部分）而不是每股自由现金流进行计算，因为我们的研究发现，长期而言，股票价格与每股收益的相关性要强于与自由现金流相关的相关性。默认的贴现率为12%。GuruFocus还进一步计算该股票的安全边际，其计算公式如下：

安全边际 =（内在价值 − 价格）/内在价值

GuruFocus.com上的DCF模型，可以计算当前在世界各地交易的任意股票的内在价值和安全边际。举个例子，沃尔玛的链接是：http://www.gurufocus.com/dcf/WMT。

利用类似的原理，我们也可以构造出更复杂的三阶段DCF模型。但是我并不推荐三阶段模型，因为三阶段模型需要引入更多的假设，在将模型复杂化的同时，并不会优化结果。

DCF模型可以帮你计算你感兴趣的股票的内在价值和安全边际，它无疑是十分有用的，但投资者也需要了解其局限性。首先，DCF模型试图预测公司的未来业绩，因此更适用于可预测性强的公司。增长较为稳定的公司就比盈利波动大的公司更可预测。比如，在GuruFocus的业务可预测性排名中名列前茅的公司，通常都比较适合采用DCF模型来计算价值。而经营业绩波动较大的公司，以及资产处理型、反转型或者周期型公司则不适合采用DCF模型。

即使对于盈利可预测性强的、适合采用DCF模型的公司，计算中参数的选择也很关键——不同的假设计算出的结果可能大相径庭。需要仔细选择这些参数，以准确反映公司的实际表现。接下来，我将讨论每个参数对计算内在价值的影响，以及如何选择参数。

增 长 率

GuruFocus的DCF计算器中，我们假设在接下来的10年，公司将以它前10年所实现的速度增长。但这可能会高估公司的发展，特别是如果公司在过去10年实现了快速增长。为增长率设置20%的上限可以减少高估。例如，在过去10年中，Priceline每年平均每股收益增长40%。但是在过去5年中，增长率下降到25%左右。这样看来，以20%作为未来10年的增长速度的假设似乎是合理的。

对于终值增长阶段，像Priceline这样的公司，每年4%的增长率可能太低了——4%只略高于长期通货膨胀率。采用过低的增长率可能会低估其内在价值。

增长率对公司价值的影响如表5.1所示。我们假设当前公司每股收益为1美元，其终值增长率为4%，贴现率为15%。增长期和终值期的持续时间均为10。不同的增长率（见表中第一列）下，对应的公司价

值则显示在最后一列中。

表5.1 增长率对价值的影响

增长率（%）	增长价值（美元）	终值（美元）	内在价值（美元）
10	7.9	3.8	11.7
11	8.3	4.2	12.5
12	8.7	4.6	13.3
13	9.1	5.0	14.1
14	9.5	5.5	15.0
15	10.0	6.0	16.0
16	10.5	6.5	17.0
17	11.0	7.1	18.1
18	11.6	7.8	19.3
19	12.1	8.4	20.6
20	12.7	9.2	21.9
21	13.4	10.0	23.3
22	14.0	10.8	24.9
23	14.7	11.7	26.5
24	15.5	12.7	28.2
25	16.3	13.8	30.1

显然，增长率越高，股票价值越高。如表5.1最后一列显示，如果一家公司在前10年以每年25%的速度增长，并在接下来的10年中以每年4%的速度增长，那么其股票价值约为收益的30倍。这基本符合彼得·林奇的经验法则——公司的合理市盈率倍数应该接近其增长率。当然，内在价值的计算结果也受贴现率的影响。如果我们采用12%的贴

现率而不是15%，则得到的内在价值会更高，相比之下林奇的经验法则就似乎显得保守了。不过林奇在富达投资期间利率曾高达两位数，因此他采用较高的贴现率也是合理的。

增长阶段和终值阶段的年限

增长阶段和终值阶段的年限也可能大大影响计算结果。选择什么样的年限假设是合理的，完全因公司类型而异。如果你像我一样有十几岁的孩子，你可能会注意到他们很喜欢Aeropostale T恤。青少年 T 恤连锁店Aeropostale曾经傲视全球，在21世纪初以每年50%的速度增长。之后其增速戛然而止。Aeropostale的收入在2010年年初开始下滑，至今其股价已经下跌了99%以上。如果回到2000年，我们在使用DCF模型来计算Aeropostale的内在价值时，假设它有20年的寿命，那就太慷慨了。

听说过"过把瘾就死"吗？这句话似乎也适用于Aeropostale这样的企业。然而反例也有很多！

正如巴菲特说过的，对于快速变化行业中的公司，无论是不行动，还是行动缓慢，或者选择了不正确的行动，都可能引起致命错误。[3] 寿命长的企业，通常是可以在未来的5年、10年，甚至20年内，销售与现在一样的产品或服务的企业。这类公司所需要做出的变化微乎其微，使得企业可以专注于提高产品质量以及销售手段——比如建立网络效应、品牌认知度、品味习惯和成瘾性等。

可口可乐就是一个最好的例子。从19世纪末期至今的一百多年来，可口可乐一直在卖一样的软饮料。如果我们假设其增长阶段为10年，假设其终值阶段也为10年，那么DCF模型将严重低估公司的内在价值。有趣的是，可口可乐公司在1985年（近一个世纪以后）首次试图推出新配方，称之为"新可乐"。然而，他们发现消费者更喜欢"熟悉的味道"，甚至排斥新配方、新口味。于是，可口可乐放弃了新配方，恢复使用旧配方。有了这一教训，估计可口可乐会至少在下一个世纪继续使用旧配方。

计算中使用的年份假设实际上是把"经济护城河"的作用反映到企业的内在价值上。如果"经济护城河"够宽，公司就可以保护自己的市场占有率，从而保持长期的盈利能力，那么在计算中使用的年份数就应该更久。

另一个例子是喜诗糖果。1972年，巴菲特支付了2 500万美元，获得了该公司的全部未来现金流。表5.2展示了喜诗糖果1972—1999年的实际利润（除了伯克希尔没有透露利润的1973—1975年），为简便起见，我假设1972—1976年的增长都是线性的。1972年以后的所有收益都按25%的折现率，折现到被收购的1972年。最后一列显示了从1972年到该年份的累积利润折现值。

表5.2　喜诗糖果的利润及利润折现

（单位：百万美元）

年份	税前利润	利润折现值	累积利润
1972	4.2	4.2	4.2
1973	6.0	4.8	9.0
1974	7.8	5.0	14.0

（续表）

年份	税前利润	利润折现值	累积利润
1975	9.5	4.9	18.9
1976	11.0	4.5	23.4
1977	12.8	4.2	27.6
1978	12.5	3.3	30.8
1979	12.8	2.7	33.5
1980	15.0	2.5	36.0
1981	21.9	2.9	39.0
1982	23.9	2.6	41.5
1983	27.4	2.4	43.9
1984	26.6	1.8	45.7
1985	29.0	1.6	47.3
1986	30.4	1.3	48.7
1987	31.7	1.1	49.8
1988	32.5	0.9	50.7
1989	34.2	0.8	51.5
1990	39.6	0.7	52.2
1991	42.4	0.6	52.8
1992	42.4	0.5	53.3
1993	41.2	0.4	53.7
1994	47.5	0.4	54.0
1995	50.2	0.3	54.3
1996	51.9	0.2	54.5

（续表）

年份	税前利润	利润折现值	累积利润
1997	59.0	0.2	54.8
1998	62.0	0.2	55.0
1999	74.0	0.2	55.1

我使用25%作为贴现率的原因是，在同时段，巴菲特带领伯克希尔·哈撒韦公司实现了账面价值每年25%的增长速度。因此，到了1999年（伯克希尔单独报告喜诗糖果的收入和收益的最后一年）时，喜诗糖果一共产生的税前利润，折现到1972年价值5 500万美元。如果我使用更为慷慨的15%的贴现率，则对于巴菲特而言，收益折现后的价值达到1972年的1.14亿美元。如果贴现率为12%，则收益折现后的价值为1972年的1.54亿美元，按35%的企业所得税税率缴纳税款后，仍存价值约为1亿美元。我们之前采用25%的贴现率计算出来的5 500万美元的价值，税后大概剩下3 600万美元。这样算下来，虽然巴菲特认为在1972年为喜诗糖果付出2 700万美元是买贵了，但其实该价格还不到喜诗糖果未来收益折现价值的70%。考虑到喜诗糖果高质量的业务，这是一个特别划算的交易。

尽管我们只计算到1999年，但喜诗糖果的生命并没有在1999年停止。你看看伯克希尔股东大会上购买喜诗糖果的长队就知道了。说实话，我觉得喜诗糖果的巧克力太甜了，坚果的口味好一些；而且喜诗糖果价格很贵。如果我不是伯克希尔的股东，我不会买。但这并不影响喜诗糖果继续发展壮大。在2000—2014年的15年中，它为伯克希尔·哈撒韦公司创造了超过10亿美元的税前收益。[4]如果将其按12%的贴现率贴现到2000年，则该收益的价值超过5亿美元。巴菲特在1972年为喜诗糖果付出了2 500万美元，在获得了它创造的所有现金流之后，仍然可以在2000年以5亿美元的价格卖出。2014年，喜诗糖果的"钱"景依然光明，现金持续涌入。

前面我已经演示了DCF模型在可口可乐和喜诗糖果中的应用。我想说明的是，公司的预期寿命是考虑是否投资一家公司时的重要因素。如果慢慢改变业务对一家公司不是奢望，那么这家公司通常有较长的寿命，对股东也更有价值。

这是不是就是乌龟寿命长久的原因？同时，我也很好奇，兔子和乌龟中，哪一个在一生中走的路程会更远。

终值阶段的年份数对内在价值的影响反映在表5.3中。我们仍假设公司目前的利润是1美元；贴现率为12%；增长阶段持续10年，增长率为12%；终值增长率为4%。

表5.3 终值阶段年份数对公司内在价值的影响

（单位：美元）

终值阶段年份数	增长阶段价值	终值阶段价值	总价值
10	10.0	6.8	16.8
15	10.0	8.7	18.7
20	10.0	10.0	20.0

我们可以看到，如果我们将终值阶段年份数从10年增加到20年，那么该股票的价值就会增加20%左右。由于折现率的原因，终值阶段年份数的进一步增加不会对价值有更大的影响，但是寿命更长的业务绝对更有价值。

贴现率

我在前面喜诗糖果的例子中简要介绍了贴现率的影响。表5.4列出了从巴菲特买入喜诗糖果的1972年至1999年期间，该公司获得的一共8.59亿美元税前利润，按不同贴现率贴现到1972年的价值。显然，贴现率也会大大影响内在价值的计算。

表5.4　喜诗糖果的税前利润按不同贴现率贴现到1972年的价值

贴现率（%）	税前利润贴现到1972年的价值（百万美元）
25	55.1
23	62.1
20	75.8
17	95.6
15	114.0
12	153.0
10	192.0

那么投资者在计算股票的内在价值时应该使用什么样的贴现率才算合理呢？学术上建议使用加权平均资本成本（WACC）作为贴现率。但合理的贴现率是你在其他投资中可以实现的回报率。如果你计划投资股票，贴现率应为指数基金或ETF（交易所交易型基金）等被动投资的预期回报率。这也是为什么我们在喜诗糖果的利润计算中使用了

25%的贴现率——这是巴菲特当时实现的伯克希尔·哈撒韦公司的账面价值的回报率。他的2 500万美元放在别的地方也可以实现25%的回报率。

如果你还考虑其他选择，比如债券、房地产等，贴现率就应该是这些投资可以预期的回报率，再加上投资股票的风险溢价。例如，如果你可以从储蓄账户获得3%的无风险回报，你应至少使用9%的贴现率，额外的6%是股票风险溢价。

因此，合理的贴现率很大程度上取决于你可以从其他投资方案中获得的回报率。在目前的零利率环境下，从债券到房地产的回报可能都有所下降，那么贴现率也应该降低，从而股票价值上涨。股票当前价格水平相对于历史水平偏高，但这可能是因为目前利率水平相对于历史水平偏低。

对于上一节讨论的例子，贴现率的影响如表5.5所示。增长阶段和终值阶段各自持续了10年，增长率为12%；终值增长率为4%。

表5.5 贴现率对公司内在价值的影响

贴现率（%）	增长阶段价值（美元）	终值阶段价值（美元）	总价值（美元）
18	7.59	3.16	10.75
16	8.29	4.05	12.34
14	9.08	5.23	14.31
12	10.00	6.80	16.80
10	11.06	8.91	19.97

表5.5体现了利率对公司内在价值的影响。巴菲特把利率比做重力，重力小的时候，所有东西（的价格）都会飞得更高。

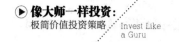

剩余现金

当巴菲特买下喜诗糖果时，他付出的价格实际上是3 500万美元，而不是2 500万美元。但是喜诗糖果有1 000万美元的现金，而且它在运营中并不需要这部分现金，因此巴菲特并没有把这1 000万美元现金算作他的成本。在估计企业的内在价值时，应将任何剩余现金加入贴现后的收益。现今，像微软和苹果这样的公司都拥有大量的他们的业务并不需要的现金。这笔现金应加在未来收益总额中，以获得更准确的估值。

GuruFocus的合理价值计算器中有一个名为"有形账面价值"的项目。你可以将部分或全部有形账面价值添加到计算中，作为公司可能拥有的剩余现金。

利润与自由现金流

我们来看看内在价值的计算公式：

内在价值 $= E(0)\, x(1-x^n)/(1-x) + E(0)\, x^n y(1-y^m)/(1-y)$

除去增长率和贴现率先不谈，内在价值与$E(0)$——过去一年的收益——成正比。我一直没有区分净利润和自由现金流，因为这个公式对于两者都适用，按个人喜好，选择每股收益或每股自由现金流之一代入$E(0)$即可。

在GuruFocus的DCF计算器中，我们使用的是每股收益而不是自由现金流，因为我们的研究发现，历史上，股票表现与每股收益的相关性强于其与自由现金流的相关性。这个发现有点令人惊讶，因为自由现金流是企业从其业务中产生的真实现金。但是，任何一年的自由现金流都可能受到公司在固定资产（PP&E）上的支出的影响。经营稳定的公司更适用DCF模型，通过折旧、损耗和摊销（DDA）的估计，将随机性的资本支出平摊在收益中。

一个例子是一家名为Church & Dwight（简称CHD）的公司，该公司生产Arm & Hammer小苏打和特洛伊安全套。其每股收益一直在稳步上涨，但其每股自由现金流的走势却不是这样，甚至有些年的自由现金流还是负的（见图5.1）。这是因为公司多年来在固定资产上花了更多

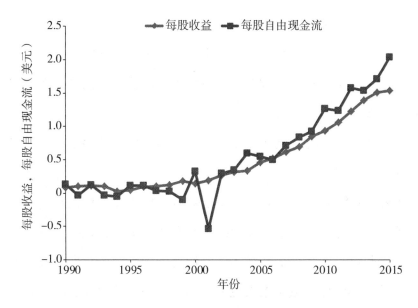

图5.1　CHD公司的每股收益与每股自由现金流

的现金。与此类似的还有沃尔玛,它的运营和盈利状况都很稳定,但自由现金流的波动很大。

在决定使用哪个参数作为$E(0)$时,也请注意一次性商业活动的影响。销售业务或退税会带来利润的一次性增长,存货或其他资产的一次性减值会带来利润的一次性降低,两者都扭曲了真实利润水平。一次性商业活动对自由现金流的影响可能更大,因为管理层对该年度支出的决定会对现金流产生重大影响。过去几年来的标准化收益是更好的数字。GuruFocus的DCF模型默认使用过去12个月中的经常性利润。

安全边际

安全边际可由以下公式定义:

安全边际=(内在价值−价格)/内在价值

安全边际是内在价值和投资者愿意支付的价格之间的差额与内在价值的比例。

一个常见的问题是购买股票的安全边际要多大才够?答案是多大都不够,越大越好。

虽然我们有精妙的公式,似乎能够以我们想要的任何精度计算内在价值,但实际上它的准确度取决于参数的准确度,这些参数包括折现率、增长率、业务寿命,等等,它们会受到公司的长期经济特征、管理层等内部问题,以及未来税率、通货膨胀等外部问题的影响。所有这些参数都是关于未来的,因此有很大的不确定性。你对这些因素的信心程度，也就决定了你投资股票所需的安全边际。

此外，公司的内在价值不是一个固定的数字，它会一直随着业务的进展而变化。良好的经济特征和有能力的管理层的结合可以更快地提高公司的内在价值，而经济特征不佳的公司则会快速破坏内在价值。为了验证这一点，想一想巴菲特是如何内在伯克希尔·哈撒韦的内在价值的，而同时西尔斯、彭尼公司、黑莓等许多其他公司的内在价值是如何下降的。

我看到过很多投资者过于相信DCF模型的计算。有时我们会收到GuruFocus用户的问题，例如为什么他们计算得到的内在价值是每股60.01美元，而GuruFocus的DCF计算器得出的结果为59.99美元。内在价值的计算中有很多不确定性，任何结果都只是一个估计，方法误差远高于2美分在60美元中的比例。计算的要点是让投资者粗略地了解内在价值在哪里。记住凯恩斯说的话："大概正确要比准确错误更好。"

我也看到过很多投资者完全看不上DCF模型。客观地说，DCF模型对具有相对稳定盈利水平的公司可以给出相当合理的估值。我们可以从巴菲特最近的收购决定中看到这一点。伯克希尔在2010年以每股100美元的价格收购了BNSF铁路公司，当时GuruFocus的DCF模型给出的内在价值估计为每股91美元。2012年，伯克希尔以每股135美元收购路博润（Lubrizol）公司，而DCF模型计算出的内在价值为每股114美元。2016年，伯克希尔以每股250美元收购了Precision Castparts，而DCF模型估计的内在价值为每股249美元。

鉴于DCF模型的不确定性，安全边际越高越保险。购买股票的价格相对于其内在价值的折扣越高，为投资者带来的回报越高。高回报的来源是价格与内在价值之间的差额的缩小。如果我们得到正确的内在价值，我们就可以找到更大的折扣价格，从而获得更高的回报。

当然，我们不是总可以在市场上以我们愿意支付的价格买到我们想要购买的股票。作为投资者，我们需要设定一个投资标准，就像唐纳德·雅克曼为其投资所做的那样。这个标准可以是我们愿意支付的价格与我们获得的价值之间的最小差异。这个标准就是安全边际。

反向DCF估值法

顾名思义，反向DCF估值法是DCF模型的逆推。反向DCF不计算企业的内在价值，而是从当前股价出发，看其中隐含的未来业务增长率是多少。

GuruFocus反向DCF计算器的默认输入参数有：

- 过去12个月的每股收益（类似于DCF模型，我们采用每股收益而非自由现金流）。

- 增长阶段和终值阶段的增长年份分别为10年。

- 终值阶段的增长率为4%。

- 贴现率为12%。

这些参数与GuruFocus的DCF计算器的参数相同。所有这些参数都是可调整的，并且调整参数会触发模型重新计算。

在你确定预期增长率后，可以将其与过去的增长率进行比较，并判断该公司是否可以实现预期增长率。如果计算出的增长率高于过去的增长率，可能意味着股价偏高；如果计算的增长率低于过去的增长率，那么股价可能被低估。

与DCF估值法类似，反向DCF估值法仅适用于已经盈利并具有可预测收入和盈利增长的公司。有趣的是，当我们于2013年3月发布

GuruFocus的反向DCF计算器时，有人问到为什么亚马逊公司的增长率无限大。这是因为在2013年3月，我们把亚马逊2012年的每股收益用作收益的默认值，而亚马逊2012年的每股收益为负的9美分。对于负盈利公司，DCF模型不适用。换句话说，对于负盈利公司，反向DCF估值法将告诉你，没有任何增长率可以支持公司目前的价格。

对于苹果公司来说，该公司在2006—2016年的10年内，平均每年增长34%，利润平均每年增长47%。假设在未来10年内，该公司每年将增长20%，DCF计算器认为股票每股价值243美元。这远远高于当前每股108美元的价格，安全边际高达56%。如果我们转向反向DCF估值法，它将告诉我们，从目前每股价格108美元出发，公司在未来10年内每年需要增长7.6%，来支持当前的价格。未来10年，苹果能否以每年7.6%的速度增长？该公司的增长率在过去12个月中大幅放缓，增速是否会恢复到以前的水平？这个问题的答案价值连城了。

合理的市盈率

虽然本杰明·格雷厄姆和巴菲特广泛地谈论内在价值，但彼得·林奇却很少谈到这个术语。他更喜欢以市盈率衡量股票价值。成长型股票都有一个合理的市盈率，即股票的合理价格应该是多少，以反映其盈利和盈利增长。

合理的市盈率和内在价值的计算实际上衡量的是同样的事情。我们来看看内在价值的计算公式：

$$内在价值 = E(0)\, x(1-x^n)/(1-x) + E(0)\, x^n y(1-y^m)/(1-y)$$

则合理市盈率的表达式应为：

$$合理市盈率 = 内在价值/E(0) = x(1-x^n)/(1-x) + x^n y(1-y^m)/(1-y)$$

因此，与内在价值一样，合理的市盈率取决于公司的未来增长率和贴现率。如前所述，如果我们假设贴现率为15%，增长阶段和终值阶段分别为10年，增长率为4%，则我们得到的合理市盈率接近于增长率。这也是林奇的经验法则：成长型公司的合理市盈率与盈利增长率大致相同。[5]如果贴现率降低，则合理市盈率上升。这是我们目前的情况，利率已经达到历史低点，所有资产的预期回报率都随之降低，同时所有资产的估值都提高了。

价值的增长

如前所述，公司的内在价值永远不会是一个固定的数字。随着业务的发展，内在价值会不断变化。一个可以维持盈利增长并同时保持竞争优势的公司，其内在价值会越来越高。

例如，当巴菲特在1972年收购喜诗糖果时，其内在价值真的是5 510万美元，这是公司在1972—1999年的27年间的利润贴现到1972年的总和，贴现率为25%。当1999年来临时，喜诗糖果的运营情况仍然类似于1972年。按照DCF模型的预测，喜诗糖果的运营应该已经"终止"，而实际上，喜诗糖果的销售量创历史新高，价格也更高，重复过去27年的辉煌似乎并不是个问题。因此，该公司的价值更高了。同样是25%的贴现率，该公司现在的价值是1972年的18倍，因为它现在的销售额是1972年销售额的18倍，并且看上去可以继续销售27年。从1999年到现在已经过去了17年，看来，喜诗糖果会将糖果继续销售下去——公司也会因此更有价值。这就是内在价值的增长。

当喜诗糖果继续出售更多的糖果、获得更大的利润并增加其业务价值时，另一些公司却在摧毁它们自身的价值，甚至导致公司破产。

第五章 以合理价格投资优质公司

还记得窝棚电台（RadioShack）、百视达和电路城（Circuit City）这几家公司吗？

有一个一直流传的价值投资者之谜，那就是价值投资者并不重视价值增长。金融市场将投资者分成不同类别：价值投资者、增长型投资者、动量型投资者等。其实，价值投资者喜欢增长。我们确实喜欢以50%的折扣购买股票，但如果我们以50%的折扣购买的股票的价值还会增长，我们就更喜欢它。在本书建议读者投资的优质公司中，可以找到很多这样的增长型股票。

当然，我们也不想为这种增长或者说未被证明的增长支付过高的价格。这可能是价值投资者和其他投资者之间的区别。价值投资者期待的是值得"长期持有"的、价值随公司的运营一起增长的投资；或者以"低价"购入被低估的公司，然后再当公司被高估时以"高价"卖出。增长型投资者倾向于寻找有"潜力"实现高速收益增长但未必有稳定盈利增长历史的"新兴"成长型公司。动量型投资者的原则则是在"高位买入，在更高位卖出"。以2美元买入，并希望以3美元的价格卖给别人，这不是投资，是投机。

同时，我们也不想高价购买另一类的增长，那就是需要不断投入资本来支持，并且随着规模扩大反而损失更多资金的增长。这看起来是不可理喻的，但却是当前市场上常见的。太多公司成为"独角兽"——这种公司本应该是罕见的。这些公司通过不断"烧钱"来实现"增长"，同时它们的估值却高达数百亿美元。它们不惜花大钱抢客户，同时希望竞争对手的钱袋不如它们的那么深。这是一场"竞次"（race to the bottom）的比赛，不是我们所希望参与的投资。

我想起了一个关于吉米·卡特（Jimmy Carter）任总统期间的能源

部长詹姆斯·施莱辛格（James Schlesinger）的故事。[6]施莱辛格在哈佛大学获得经济学博士学位，并曾在弗吉尼亚大学任教。他的两个学生深受他的资本主义观念的影响，在毕业后选择开始自己做生意。他们选择在弗吉尼亚的农场购买柴火，然后将其运往柴火需求旺盛的哥伦比亚特区。随着他们的业务蓬勃发展，他们越来越忙，经常需要在夜晚和周末工作。因此，当银行通知他们的营运资金耗尽，需要收回他们用作抵押的卡车时，他们十分震惊。原来，他们木材的成本为每根60美元，但他们却以每根55美元的价格出售。他们急切地向施莱辛格教授请教，他们做错了什么。施莱辛格博士深深地吸了一口他的招牌烟斗，然后才回答道："你们应该买一辆更大的卡车。"

霍华德·马克斯在最近的一则备忘录中也提到了这个故事的另一个版本。[7]这个故事的要点是，如果一家企业以低于成本的价格销售其产品和服务，那么它的增长越多，损失的钱就越多。这不是我们想要投资的领域。

正如查理·芒格所说："所有聪明的投资都是价值投资。"[8]

为什么优质公司会被以低价出售？

如果一家公司的业务稳健，股票市场难道不应该认可，并相应地给予更高的估值吗？这是一个非常好的问题。优质公司很少会以廉价出售，因为市场确实多数时候都认可了它们的价值，特别是在风平浪静的时代。但在市场上有这么多玩家——买方、卖方、卖空者、长期投资者、日商、股票经纪商、媒体、操纵者，等等——他们都有着共同的目的——赚钱，却试图以不同的方式来实现。这就是为什么一个公司的股价在相当短的时间内可以波动50%以上，而其价值在同一时间内几乎没有变化。这为那些准备好的人提供了机会。

波澜迭起的时代，给长期的投资者带来了更多的机会。这些动荡的来源可以分为三种类型。第一种是广泛的市场恐慌，通常发生在经济衰退、市场崩溃的时候。投资者已经遭受了很大的损失，恐慌于市场可能会持续下跌。这时，很多投资者会放弃阵地，抛售持有的所有标的股票，无论价值如何。在这样的情况下，即使是最优秀的公司也会出现便宜的价格。过去16年中，市场发生了两次恐慌，分别是2001年和2008年的衰退期间，每次都持续了相当长一段时间，投资者有很多机会购入优质公司的股票。市场恐慌时期是最容易以低廉的价格购买优质公司股票的时刻。

第二种是全行业都面临困难的时期。这种情况下市场整体可能相对平静，但是某些行业可能"失宠"，导致该行业的股票交易价格低于市场评价水平及其自身的历史平均水平。在这种时期，这个行业内会有机会。这种情况发生在20世纪90年代后期的市场泡沫中。当时，许多传统行业的老牌公司的交易价格偏低，在21世纪初科技泡沫破灭之后又大幅走高。在过去一年中，能源股也被打击至过去10年来的最低点，交易价格远低于其历史平均估值水平。

第三种是市场整体是平稳的，而且在你想要投资的行业中泛泛看来也不存在机会。这是一个相对较难投资的时间，但市场操纵者或有影响的投资公司也可能带来机会。记得费尔法克斯金融的股票吗？空头的攻击让股价跌至一半，尽管同期大盘是上涨的。2012年，保险软件提供商EBIX的股票在不到一年的时间里，跌幅超过60%，也是因为空头在读者众多的金融网站上发表了攻击性的文章。运营一直稳定的Church & Dwight公司的股价，在2016年1月也因高盛调整推荐而下跌了5%。

最后，还有由于其他原因而造成的市场恐慌。约翰·坦普尔顿爵士的曾侄女——劳伦·坦普尔顿（Lauren Templeton）在几年前列出了以下这些事件[9]：

- 珍珠港事件（1941）
- 朝鲜战争（1950）
- 艾森豪威尔总统的心脏问题（1955）
- "蓝色星期一"（1962）
- 古巴导弹危机（1962）
- 肯尼迪总统遇刺（1963）
- "黑色星期一"（1987）
- 美联航杠杆收购失败（1989）
- 波斯海湾战争（1990）
- 龙舌兰酒危机（1994）
- 亚洲金融风暴（1997-1998）
- "9·11"事件（2001）
- 全球金融危机（2008-2009）
- 欧洲债券危机（2010-2015）

我还可以再加上几个近期的事件，比如：

- 美国政府债务上限危机（2011）
- 埃博拉病毒（2014）
- 英国退出欧盟（2016）

幸运的是，在2014年埃博拉病毒爆发期间，美国只有11人感染，其中9人是在国外感染。即便如此，市场仍然产生恐慌，股票市值短期内就跌掉了10%。

如何才能及时对这些事件做出反应？"准备，准备，准备"，就像劳伦·坦普尔顿说的那样。

查理·芒格也说过："机会只留给有准备的人；就是这样。机会不经常出现，出现了一定要抓住。"所以，时机到了一定要迅速行动！

当然，当所有人争先恐后抛售股票的时候，当知名的经纪公司纷纷降低股票评级的时候，下定决心买入是不容易的。然而，这才是跑赢市场的最好时机。了解你想要购买的业务，决定你愿意支付的价格，为你的研究建立足够的信心，才会有足够的信念在机会出现时及时行动。独立思考是投资者成功的基本要求，而独立思考是建立在知识和努力的基础上的。

如果你没有建立必要的信心，那么就远离这只股票。如果你进行了踏实的研究，关注和追踪了你想要购买的股票，并且知道你愿意支付的价格，那么机会总会到来。

若能低价投资优质公司不是更好？

能以低廉的价格投资优质的公司，收益肯定会更好。但是，大多数时候你没有这样的机会。巴菲特在运营伯克希尔的早期，寻觅的是"价格非常有吸引力的优质公司"。随着伯克希尔的规模越来越大，巴菲特的投资资金远超早期，他逐渐将目标改为寻觅"价格有吸引力的优质公司"。之后，他再次将目标调整为寻觅"价格合理的优质公司"。有两个因素改变了他的心态。一个是他的投资组合变得如此之大，他的投资领域也变得只限于大公司。[10]另一个是市场条件——在一个昂贵的市场中，根本不可能以有吸引力的价格找到优质公司。

我们大多数人不像巴菲特那样，存在资金太多的问题。我们只需要耐心地等待机会。但是合理的价格是多少？合理的价格是，使你长期看来可以获得高于市场水平回报的价格。以合理的价格购入，你可能会因价格和内在价值之间的差距缩小而无法获得额外的回报。你的回报完全取决于公司内在价值的增长。凭借你所投资的优质公司（公司的增长会高于市场平均水平），你作为股东也会随之获得回报。

以合理价格购买优质公司的股票仍然远远优于以低廉价格购买平庸公司的股票。即使是一个优质公司，也不要出高价购买其股票。还记得沃尔玛和可口可乐的例子吗？如果买入价格过高，即使公司增速超过市场平均水平，你也可能因为公司的价格向内在价值靠拢而亏损。

总结

我在本章中使用了一些公式来说明DCF模型和合理的市盈率。这些公式使得股票估值看起来好像很高深，但其实不然。公式本身很简单，在网上也可以轻易找到计算股票内在价值的计算器。关键在于选择参数。正确选择参数需要充分了解公司业务。如果只是草草选择参数，那么DCF估值法就失去了意义。

此外，还有很多其他方法可以评估公司价值。DCF估值法只是其中一种，而且只适用于具有可预测收入和利润的一小部分公司。DCF估值法或任何其他估值方法的要点是让你粗略地了解正确价格的范围。在此基础上，记住，投资一定要留够安全边际。

你可能时常会觉得找不到值得投资的优质公司。那么，这就是练兵备战的时候了。不要忘记，在进行任何计算之前，投资者应该始终关注公司的业务并回答以下问题：这是我们想要投资的优质公司吗？

只投资优质公司，并只以合理的价格投资它们。

本章注释

［1］Warren Buffett, Berkshire Hathaway shareholder letter, 2004, http://www.berkshirehathaway.com/letters/2004ltr.pdf

［2］John Burr Williams, *The Theory of Investment Value*, Fraser Publishing, 1956.

［3］Berkshire Hathaway shareholder letters, 1972–1999, berkshirehathaway.com/letters/

［4］Warren Buffett, Berkshire Hathaway shareholder letter, 2014, http://www.berkshirehathaway.com/letters/2014ltr.pdf

［5］Peter Lynch with John Rothschild, *One Up on Wall Street*, Simon & Schuster paperbacks, New York, 1998.

［6］https://www.oaktreecapital.com/docs/default-source/memos/economic-reality.pdf?sfvrsn=6

［7］Howard Marks, "Economy Reality," 2016 https://www.oaktreecapital.com/docs/default-source/memos/economic-reality.pdf

［8］Charlie Munger: *Poor Charlie's Almanack: The Wit and Wisdom of Charles T. Munger*, Donning Company, 2005.

［9］GuruFocus, "Lauren Templeton: Methods Sir John Templeton Used to Take Advantage of Crisis Events," http://www.gurufocus.com/news/174804/lauren-templeton-methods-sir-john-templeton-used-to-take-advantage-of-crisis-events

［10］Warren Buffett, Berkshire Hathaway shareholder letter, 1998, http://www.berkshirehathaway.com/letters/1998.html

第六章

投资优质公司：对照这个清单

> "如果路途中风景优美，那么就别问它朝向何方。"
> ——阿纳托尔·弗朗斯

我用了前面三章的篇幅分析了什么是优质公司，什么是合理的价格。尽管想法很简单，但是细节很繁复。这一章，我将用一个简单的清单概括选择的标准和过程。

无论投资风格如何，每名投资者都应该有他/她自己的投资清单。在《清单革命》（*The Checklist Manifesto: How to Get Things Right*）[1]这本畅销书中，作者阿图尔·高文得（Atul Gawande）博士反复强调了清单的作用。清单在医疗和飞行领域的广泛应用，使得复杂的程序简化，帮助医生和飞行员维持冷静和规范。

全美航空（US Airways）1549次航班从纽约拉瓜迪亚机场飞往夏洛特机场的途中遭受雁群撞击，导致两个发动机同时熄火。机长萨利·萨伦伯格（Sully Sullenberger）在他的回忆录《最高职责》（*Highest Duty: My Search for What Really Matters*）[2]中提到，他和他的机组人员的第一反应就是对照清单。人类是无法避免错误的。对照清单可以帮助人们找到错误，建立起规范和程序，进一步避免可能的损失。

第六章　投资优质公司：对照这个清单

对冲基金经理人莫尼什·帕波莱（Mohnish Pabrai）把投资股票和飞机起飞进行了类比。很多成功的投资者在投资的过程中都有一份清单作为指导，虽然他们可能不直接称其为"清单"。比如，深得投资大师本杰明·格雷厄姆真传的投资人沃尔特·施洛斯。他四十余年的平均复合利润率为15.3%，高于标普500指数同期的复合利润率10%。施洛斯遵循的清单有16条，覆盖了估值、规范、信心度和杠杆等几个方面。[3] 菲利普·费雪，成长股投资策略之父，在每投资一个新标的公司时都会问自己15个同样的问题。他在《怎样选择成长股》（*Common Stocks and Uncommon Profits*）一书中详细介绍了这15个问题，涵盖了市场潜力、管理层、研发部门的有效性、利润率、劳资关系和股票回购等多个方面。[4] 彼得·林奇对于每个投资标的公司也会列出一大串问题，而且这些问题会根据具体公司的具体情况而有所不同。[5]

以合理价格投资优质公司的清单

那么现在,我们来总结一下前面的讨论,整理出可以指引我们以合理价格投资优质公司的清单。

1. 我是否了解这家公司的业务?
2. 公司的"经济护城河"是什么?它是否能够让公司的产品在五年甚至十年后都还有市场?
3. 公司所在的行业是否瞬息万变?
4. 公司的客户群是否多元化?
5. 公司是否为轻资产公司?
6. 公司所在的行业是否为周期性行业?
7. 公司是否具有成长空间?
8. 公司在过去十年是否维持一定的利润率——无论经济好坏、市场好坏?
9. 公司是否能够维持两位数的营业利润率?
10. 公司的利润率是否比竞争对手的高?
11. 公司在过去十年的投资回报率是否高于15%?
12. 公司的营业额和利润是否可以持续达到两位数的增长?
13. 公司的资产负债表是否稳健?

14. 公司的管理层是否持有一定比例的股票？

15. 公司管理层的资薪结构与同行业相似规模的公司相比如何？

16. 公司内部人员是否在购买公司的股票？

17. 按照内在价值或者市盈率衡量，公司的股票价格是否合理？

18. 公司股票当前的价格在历史上是什么位置？

19. 公司股票在前几次经济回调时表现如何？

20. 我对自己的研究有几分信心？

前19个问题，我们着重强调了公司的以下几个方面——具体业务（问题1—7）、利润能力（问题8—12）、财务实力（问题13）、管理层（问题14—16），以及估值（问题17—19）。

最后一个问题强调了你的自信度。尽管这个问题与公司并没有直接联系，但是在最终决定投资与否时却有着重要的地位。你的信心有几分，决定了你在投资后股票突然跌掉一半价值时，你会采取什么行动。如果你对自己的研究很有信心，那么下跌50%以后的价格可以看作更好的买入点；而如果你的信心不足，那么你很有可能不仅不加仓，还会选择止损。

相信我，50%的价格波动并非天方夜谭，这种情况一定会发生，而且讽刺的是，它只会在你买入股票以后才发生。所以，要时刻准备着！

警告信号

如果你要购买房产，除了区域、大小、房型等要求，你还会确认房子的结构没有任何隐藏的问题。你会对房产进行系统检查——比如地基是否牢固，电路是否安全，空调下水是否都好用，等等。同样地，在选择投资标的公司时，我们不仅需要一个清单列出我们想要的标准，还需要一个清单筛选掉我们不希望具有的特征。GuruFocus开发了"警告信号"这一功能，该功能会仔细检查公司的财务状况和运营成果，并强调发现的关于公司的任何警告信号。强调警告信号的目的，是提醒你你可能忽视的那些方面的问题。这些警告信号不一定意味着这家公司不值得投资，但如果选择投资，一定是认识、理解并接受这些警告信号以后的决定。

警告信号这一功能包含以下方面：

财务状况

我们对公司的财务状况进行1—10分评分。评分依据利息保障倍数、负债收入比，以及阿特曼Z-score（下文会再次讲到阿特曼Z-score）等。得分为8分或8分以上说明公司的财务状况十分稳健。

图6.1为美国公司的财务状况评分的分布。不出所料，大多数公司

的财务状况得分都是平均水平。得分为7分或7分以上的公司可以认为其财务状况稳健。

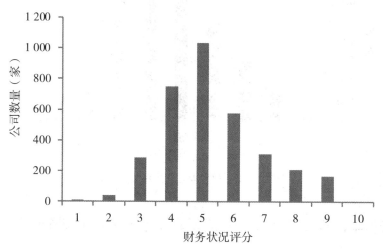

图6.1 美国公司财务状况评分的分布

如果公司财务状况得分为4分或4分以下,那就触发了警告信号,投资者应该警惕公司破产的风险。

盈利能力排名

我们对公司的盈利能力同样进行1—10分的评分。评分依据营业利润率、皮氏F-Score（下文会再次讲到皮氏F-score）、营业利润率的趋势,以及利润的稳定性等。

图6.2为美国公司的盈利能力评分。评分为4分及4分以下的,就触发了盈利能力不足的警告信号。

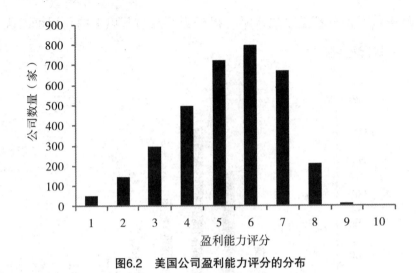

图6.2 美国公司盈利能力评分的分布

过去10年、5年、3年以及1年的营业额增长率和利润增长率

公司的营业额或者利润是否在某个特定时段内出现下降？如果有，那就应触发警告信号。

运营损失

在过去的10年内，公司是否遭受过运营损失？如果有，那就应触发警告信号。

毛利润率增长率和营业利润率增长率

公司的毛利润率增长率、营业利润率增长率是否呈下降趋势？如果有一个指标呈下降趋势，那就应触发警告信号。

资产增长速度超过营业额增长速度

如果资产增长速度超过营业额增长速度，那就说明这家公司的运营效率越来越低——尤其是当资产增长的主要来源是债务的时候。2008年5月间，GMO基金公司的基金经理詹姆斯·蒙蒂尔（James Montier）开始找不到值得投资的机会。于是他写了一篇关于做空的文章，标题为"Mind Matters: Joining the Dark Side: Pirates, Spies and Short Sellers"。蒙蒂尔的研究表明，一个理想的做空标的应该具有以下三个特点[6]：

（1）股价的市销率较高。

（2）公司的皮氏F-score较低。

（3）公司的资产增长率为两位数。

蒙蒂尔发现，一个公司若具有以上三个特点中的任何一个，则会比市场表现差。在这里，我们先列出其中的第三条作为一个警告信号。

应收账款周转天数

应收账款周转天数指公司从产品销售到收到客户货款的天数，是一个衡量公司账款管理情况的财务指标。我们把过去12个月的应收账款周转天数与过去5年的指标进行对比。如果周转天数变长，那就应触发警告信号。周转时间越长，意味着公司收到货款越晚，或者是公司允许客户赊账。

存货周转天数

存货周转天数指公司从获得产品存货到完成产品销售的天数。如果这一指标变长，意味着这家公司的产品销售出现困难。我们把过去12个月的存货周转天数与过去5年的指标进行对比。如果周转天数变长，那就应触发警告信号。

不过，零售商在节日期间增加库存是很常见的，因为节日期间的销售额通常比平时要高。因此，对这一指标需要进行环比。

股东利润与报告利润偏离

股东利润，是沃伦·巴菲特在1986年给股东的信中提出的一个概念。这一指标衡量的是公司的股东从现有运营中得到的真实利润。这一指标需要从公司的财务报表数据中计算得来。如果股东利润与报告利润长期偏离，那就应触发警告信号。[7]

净利润与自由现金流偏离

自由现金流与股东利润类似，衡量的都是公司运营产生的净现金。如果净利润与自由现金流长期偏离，那就应触发警告信号。

不过，在快速扩张的阶段，公司通常会把利润进行再投资，用于生产规模的扩张，进而导致自由现金流降低。所以两者的短期偏离并不构成一个警告信号。

资本成本高于资本回报率

我已经几次提到资本回报率。只有当资本回报率高于资本成本的时候，一家公司才真正是为股东创造了收益。如果两者的关系倒置，那也应触发警告信号。

债务发行

如果一家公司不停发行新的债务，那么这家公司很可能无法产生足够的现金来维持运营——这绝对应触发警告信号。虽然公司的收入可能随着债务的增加而提高，但是债务负担增加也意味着公司的财务状况变弱。

新股本发行

与债务发行的情况类似，如果公司不停发行新的股本，那么这家公司的收入很可能无法维持运营，甚至可能无法发行新的债务。这也应触发警告信号。新的股本的发行是对现有股份的稀释。

一个例外是，当公司股票当前的价格估值过高时，新股发行则是对现有股东有利的。不过我们建议，无论发行价格如何，都应该把新股发行看作一个警告信号。

奥尔特曼Z-score

奥尔特曼Z-score是纽约大学斯特恩商学院的教授爱德华·奥尔特曼（Edward Altman）在1967年提出的一项指标。[8]他的研究发现，奥尔特曼Z-score能够准确地预测公司在未来两年内破产的可能性。因此，这一指标也能很好地衡量公司的财务健康状况。我们利用这一指标给公司的财务状况评分。奥尔特曼Z-score由公司的运营资金、留存利润、市值等计算得来。在下面的链接里，你可以找到一个计算Z-Score的具体例子：http://www.gurufocus.com/term/zscore/WMT/Altman-Z-Score/Wal-Mart-Stores-Inc。

如果奥尔特曼Z-score过低，那也应触发警告信号。

皮氏F-score

皮氏F-score是由芝加哥大学的约瑟夫·皮尔托斯基（Joseph Piotroski）教授于2000年提出的。[9] F-score采用了9个不同的指标，对公司进行1—9分的评分。这些指标包括公司的盈利能力，盈利能力的变化，所采用的杠杆、效率、利润的质量，等等。F-score越高，说明公司的状况越好；如果F-score过低，那就应触发警告信号。

在下面的链接里，你可以找到一个计算F-score的具体例子：http://www.gurufocus.com/term/fscore/WMT/Piotroski-F-Score/Wal-Mart-Stores-Inc。

本氏M-score

本氏M-score由印第安纳大学的蒋萨德·贝尼诗（Messod Beneish）教授于1999年提出。[10] M-score主要通过评估财务报表中各数据的关系来判断公司报告的利润的质量。检查的数据包括应收账款、营业额、毛利润、流动资产、折旧、流动债务，等等。同时，M-score也是检查公司是否操纵财务报表的指标。如果M-score过高，则表示公司有可能在操纵财务报表。在下面的链接里，你可以找到一个计算M-score的具体例子：http://www.gurufocus.com/term/mscore/WMT/Beneish-M-Score/Wal-Mart-Stores-Inc。

斯隆比例

斯隆比例由曾在密歇根大学任研究员的理查德·斯隆（Richard Sloan）于1996年提出。[11] 他发现，如果一家公司的大部分利润都不是现金利润，则该公司的股票表现会低于市场的表现。斯隆比例定义为公司的非现金利润占公司总资产的比例。如果该比例过高，则应触发警告信号。

在下面的链接里，你可以找到一个计算斯隆比例的具体例子：http://www.gurufocus.com/term/sloanratio/WMT/Sloan-Ratio/Wal-Mart-Stores-Inc。

利息保障倍数

在前面的章节里,我已经详细介绍过了利息保障倍数这一概念。利息保障倍数通常被用来衡量公司的财务健康状况。它的定义为公司运营收入与公司债务的利息的比例。利息保障倍数越高,表明公司的债务负担越小。如果这一指标过低,那就应触发警告信号。

股息支付率

股息支付率定义为公司每股的年度分红与年度利润的比例。分红是公司利润中以现金分配给股东的部分。它是利润的一部分,因此必须由利润来支持。如果一家公司的分红占利润中的一大部分(比如80%),那么这个分红可能无法长期持续下去。

空头占流通股的比例

如果空头占了流通股份的大头,那就应触发警告信号。在第四章中,我以空头对费尔法克斯金融公司的攻击为例,讲述了空头是如何操纵市场价格的。但是很多时候,空头操作并非只是操纵价格,而是出于价值考虑的。做空财务造假的公司,对规范公司行为也是有帮助的。在2003年,曾任芝加哥大学研究员的欧文·拉蒙特对1977—2002年间被空头攻击过的公司进行了一项研究。他的研究发现,被攻击的公司在空头攻击后三年内的表现平均低于市场42%,尽管其中很多公司公开表示它们并无造假或欺骗投资者的行为,空头的指责并无根据。[12]事实表明,绝大多数空头是正确的,被做空的公司有很大概率真的存在造假或者欺骗消费者的行为。空头可能知道一些市场中其他人所不知道的东西。

当然，我们说有很大概率，并不代表全部。在费尔法克斯金融2003年被空头攻击的例子中，抑或是康宝莱（Herbalife）在2012—2013年和2015年年初被空头攻击的例子中，政府都启动了调查，最终并无定罪。协议和解的金额也远低于空头最初所预计和宣扬的金额。在任何情况下，只有完整了解空头的论点、论据、论述，才可能进一步去判断空头是否只是想要操纵股价以获得短期利润。不过无论如何，空头占流通股的比例过高都应触发警告信号。

股息率与历史幅度相比

我们把当前股息率与过去10年、5年、3年以及1年的历史幅度进行比较。如果当前的股息率接近历史最低点，则应触发警告信号，因为通常低股息率意味着高股价。

股价与历史幅度相比

我们把当前股票价格与过去10年、5年、3年以及1年的历史幅度进行比较。如果股价接近历史高位，则应触发警告信号。

市盈率、市净率、市销率等估值比率与历史幅度相比

我们把当前的市盈率（P/E）、市净率（P/B）、市销率（P/S）等估值比率与过去10年、5年、3年以及1年的历史幅度进行比较。通常，我们不希望在这些比率的高点买入股票。如果上述任何一个估值比率接近历史高点，则应触发警告信号。

预测市盈率偏高

预测市盈率定义为当前股价除以分析师预测的下年利润。如果公司的预测市盈率高于当前市盈率，那说明市场分析师认为公司的利润会下降，从而应触发警告信号。当然，分析师的预计也有可能出现偏差。

历史回购记录

公司回购自己的股票通常被认为是一个积极的信号。因此，我们检查公司过去的回购记录。如果回购记录不佳，则应触发警告信号，这意味着该公司不善于选择回购的时机。

只有内部人员出售，没有内部人员购买

如果公司的高管和董事大量出售股票，并且没有内部人士买入，则应触发警告信号。

税率

理论上，如果一家公司缴纳较低的税率，对股东是有利的。但是，如果一家公司声称收益良好，但税率却较低，投资者需要知道为什么。是处于"避税天堂"、收益质量差，还是其他什么原因？如果公司支付的税率过低，则应触发警告信号。

***

我们对这些问题进行彻底检查，就像我们在医生那里进行年度体

检一样。每个公司都会或多或少地触发警告信号，这些警告信号可能不会阻止我们购买股票，但我们在购买时应考虑到这些。

还要注意的是，这些检查的指标都仅仅是根据公司的财务数据。其中任何一个指标都不应该取代对公司的业务的了解，对公司产品的了解，以及对客户、供应商、竞争对手以及在公司工作的人员的了解。警告信号只是提醒你公司可能存在的问题，而不是为了取代对价值的理解。如果我们只注意数字和信号，而忽视了业务本身，我们就会像下面这个笑话中的商业顾问一样：

> 一名乘坐热气球飞行的男子突然意识到他迷路了。于是他降低高度，并发现了另一名男子。他进一步降低热气球的高度，对地面上的男子大声喊道："对不起，你能告诉我我在哪里吗？"
>
> 地面上的男子说："你在一个热气球里，你的热气球大概悬浮在地面上10米左右。"
>
> "你一定是一名咨询师吧？"气球里的人说。
>
> "我是，"地面上的人回答，"你是怎么知道的？"
>
> "这很简单，"热气球里的人说，"你说的东西都很正确，但是都没有用。"
>
> 地面上的人回答："那你一定是做管理的。"
>
> "我是，"热气球里的人回答，"你又是怎么知道的？"
>
> "这也很简单，"地面上的人说，"你不知道你在哪儿，也不知道你要去哪儿，但是你希望我能告诉你。你还在我们遇见的地方没动，但是现在却成了我的错了。"

如果我们对公司运营业务有深刻的理解,那么这些数字和信号将有助于我们了解价格的位置和之后可能的走势。如果说业务理解是定性的,那么这些数字和信号则是定量的,只有将两者结合起来,我们才能对自己的研究充满信心。

积极信号

与警告信号相反,一些信号是积极的,表明公司正在改善运营,或管理层对公司更有信心。这些信号与我们希望投资的优质公司所具有的强健的资产负债表、高回报率、高营业额,以及高利润增长率等特点通常相辅相成。

利润率增长

公司利润率长期稳定增长是公司业绩良好的有力证明。公司销售额的增长,说明公司在它的领域内越做越好,效率越来越高;此外,其客户获取成本的增长速度可能相对较慢,这导致利润的增长速度快于销售额的增长速度,即利润率增长。

长期稳定的利润率增长可以带来巨大的股票收益。例如,汽车零部件零售商汽车地带的毛利率从2005年的48.9%上升到2015年的52%以上。毛利率的增长主要是通过降低产品采购成本和降低耗损成本实现的。尽管三个百分点看起来不是很可观,但其中大部分可以转化为营业利润率的提高(从2005年的17.08%提高到2015年的19.17%)。换个

角度看，毛利率6.3%的提高，带来了营业利润率12%的提高。因此，在过去十年中，汽车地带的盈利增长速度持续高于其销售增长速度。其投资股本回报率从2005年的30%提高到2015年的46%。同期，其股票涨幅超过700%。

对于任何业务来说，即使是运营水平不变，其运营成本也可能由于通货膨胀导致更高的工资、租金和维护成本而逐渐增加。因此，它的销售额增长率至少要比通货膨胀率高，才能实现长期持续增长。

利润率的增长可以通过两条途径实现，对此我想以零售连锁店为例进行解释。对于通过开设更多商店而增长的连锁店，其库存管理、营销和管理成本并不像其商店数量增长得那么快。随着公司开设更多门店，利润率可能会有所增加。这就是增长驱动的利润率增长。如果连锁店不再开设新店，它仍然可以通过提高每家门店的销售额来提高利润率。这就是生产率驱动的利润率增长。

这两条途径可以同时存在。一方面，公司必须控制成本增长；另一方面，生产率驱动的利润率增长表明公司具有竞争力和定价能力。

股票回购

公司不再发行稀释股东价值的新股，而是回购股份。通常股票回购被视为对股东的回报。这可能会推高股票价格，因为同样的利润现在分配给了较少数量的股票。

如巴菲特所指出的，并不能将所有的股票回购一视同仁。股票回购只有在回购价格低于股票内在价值的情况下才有价值。如果一家公司以高于内在价值的价格进行回购，那么长期看，这种回购会损害其余股东的股本价值。这就是为什么巴菲特将伯克希尔·哈撒韦公司股票回购的门槛设为股本价值的1.2倍。

我们也观察到公司在回购股票时的各种不同行为。比如汽车地带、沃尔玛和穆迪等公司自2000年以来每年都在回购股票。它们回购股票时并不考虑股票的估值。而其他公司，比如网飞，有时候回购股票，但在其他时候发行更多的股票。鉴于当前利率处于历史最低点，一些公司选择发行债务来支持股票回购。

股份回购不可避免地削弱了公司的资产负债表。在享受股票回购推高的股票价格的同时，投资者也需要考虑股票回购的长期影响。2000—2005年，作为当时最大的储蓄和贷款银行的华盛顿互惠银行（Washington Mutual），花了数十亿美元回购股份。2008年金融危机爆发时，该银行失去偿还能力，只好破产，资产也都被政府冻结，股东们损失惨重。如果华盛顿互惠银行还存留一部分现金，那它就不会落入如此境地。西尔斯公司从2006年到2013年收购了近50亿美元的股票。现在，它必须借钱来维持公司的运营，其市值不到回购所花费资金的五分之一。这些回购只使得那些当时卖掉股份的股东从中受益，而剩下的股东则要等着收拾烂摊子了。

提高股息

如果一家公司提高股息，这意味着该公司对其盈利有信心。这是一个积极信号。但是与股票回购一样，支付股息会削弱公司的资产负债表。投资者需要考虑提高股息的长期影响。

偿还债务

偿还债务对公司来说总是有利的，尽管由于杠杆率降低，公司的

股本回报率可能也会出现下降。

内部人员购买

如林奇所指出的，内部人员购买自己公司股票的唯一原因是他们认为股票价格会上涨。很多学术研究也发现，内部人员大多是长期价值投资者。他们只有在认为自己的公司值得长期投资时才会购买公司股票。[13]

***

本章提供的上述清单，是投资者在选择股票时保持自律的有效工具。警告信号和积极信号可以帮助投资者更深入地了解公司，并建立起指导未来的行动所必备的信心。

林奇曾经建议投资者为他们研究和购买的每只股票记一份笔记，然后随着时间的推移，将公司的业绩与这些笔记进行比较，看看最初投资时的论点、论据、论证是否仍然成立。[14] 本章所描述的清单、警告信号和积极信号也应包括在这份研究笔记中。

通过所有这些步骤，我们希望减少错误和失败，并避免陷入许多价值投资者难以避开的"价值陷阱"（value traps）。

本章注释

[1] Atul Gawande, *The Checklist Manifesto: How to Get Things Right*, Henry Holt and Company, 2009.

第六章 投资优质公司：对照这个清单

[2] Chesley Sullenberger, Jeffrey Zaslow, *Highest Duty: My Search for What Really Matters*, William Morrow, 2009.

[3] Warren Buffett, Berkshire Hathaway shareholder letter, 2006, http://www.berkshirehathaway.com/letters/2006ltr.pdf; http://www.gurufocus.com/news/72536/walter-schloss-16-golden-rules-for-investing

[4] Philip A. Fisher, *Common Stocks and Uncommon Profits*, John Wiley & Sons, New York, 1958.

[5] Charlie Munger, USC Law Commencement Speech, https://www.youtube.com/watch?v=u81l7rM2yl8; Peter Lynch with John Rothschild, *One Up on Wall Street*, Simon & Schuster paperbacks, New York, 1998.

[6] James Montier, "Mind Matters: Joining the Dark Side: Pirates, Spies and Short Sellers," http://www.designs.valueinvestorinsight.com/bonus/bonuscontent/docs/Montier-Shorting.pdf

[7] Warren Buffett, Berkshire Hathaway shareholder letter, 1986, http://www.berkshirehathaway.com/letters/1986.html

[8] E. Altman, "Financial Ratios, Discriminant Analysis and the Prediction of Corporate Bankruptcy," *Journal of Finance*, September 1968.

[9] Joseph D. Piotroski, "Value Investing: The Use of Historical Financial Statement Information to Separate Winners from Losers," The University of Chicago Graduate School of Business, January 2002.

[10] Messod D. Beneish, "The Detection of Earnings Manipulation," http://citeseerx.ist.psu.edu/viewdoc/download?doi=10.1.1.195.3676&rep=rep1&type=pdf

[11] Richard G. Sloan, "Do Stock Prices Fully Reflect Information in Accruals and Cash Flows about Future Earnings?" *Accounting Review*, Vol. 71, No. 3 (July 1996), pp. 289-315.

[12] Owen A. Lamont, Jeremy C. Stein, "Aggregate Short Interest and Market Valuations," *American Economic Review,* May 2004.

[13] H Nejat Seyhun et al., "Overreaction or Fundamentals: Some Lessons from

Insiders' Response to the Market Crash of 1987," *Journal of Finance*, Vol. 45, No. 5（February 1990）, pp. 1363–1388.

［14］Charlie Munger, USC Law Commencement Speech, https://www.youtube.com/watch?v=u81l7rM2yl8

第七章

失败、错误和价值陷阱

07

> "有些事事出有因，而另一些则自然而然。"
> ——安娜·克劳迪娅·安图尼斯

我用了很多篇幅详细叙述了为什么我们应该只投资优质公司。当你持有优质公司的股票时，时间是你的朋友。如果你的买入价格较低，那么你的收益会非常好。如果你买入的价格合理，你的收益仍然会随着公司的业务增长而增长。即便你买入的价格偏高，长期来看，公司业务的增长仍然可以弥补略高的成本。在最后一种情况下，你的收益可能不够理想，但是至少你一定不会赔钱。

如果你投资的公司更擅长侵蚀价值，那么你面临的将是永久的损失。这就是为什么我宁愿以略高的价格购买优质公司的股票，也不愿廉价购买错误公司的股票。

在股市中亏损有很多可能。初级投资者通常在热门股和各种预测上栽跟头；成长型投资者可能因高估增长的可持续性而支付过高的价格；价值投资者可能沉迷于低价，却忽视了公司本身业务的质量。

股票市场是个奇怪的存在。每次有人卖，就会有人买，并且双方都认为他们做出了正确的决定！

那些错误的公司

在股市中赔钱很容易,比如在市场活跃和乐观时买入,在市场有压力和恐慌时卖出。或者采用任何形式的杠杆,如期权、期货、保证金等——如果你这样做,几乎投资任何股票都无法保证不丧失本金。即使你是一个长期投资者,在一个相对平静的牛市里投资,如果买入了错误公司的股票,你仍然可能赔钱——有些公司可能走向破产,有些公司可能虽然存活下来了,但投资人不得不承受本金损失。

接下来,我总结了一些错误公司的警告信号。这些警告信号与上一章所提到的有所不同,这些侧重于企业的经营行为。如果在公司运营中发现任何警告信号,就应该考虑避免买入,无论价格如何。

公司有前途无量的爆款产品

符合这个条件的公司通常是热门行业中的年轻公司。它们的产品通常采用可能对社会产生巨大影响的革命性技术。许多雄心勃勃的年轻企业家相信这些前沿的技术可以改变人们的生活,从而愿意在该领域创业。投资者的兴趣也被激起,希望可以在科技未来的无限前景中分一杯羹。

伴随着技术的逐渐成熟,它改变了人们的生活这一事实越来越清晰。然而,到这个时候,通常这一领域已经饱和,只有极少数公司能够获利而生存。能做到这一点的公司可以为投资者创造巨大的财富，大多数其他公司则无法获利并且会给投资者带来亏损，而更多的公司可能根本未能产生值得一提的营业额。

初级投资者和业余投资者很容易陷入这种情况，我自己在刚开始投资时就中了招。我买入了光纤公司的股票，因为在当时看来，光纤这项技术是如此有前途，将为人类带来最光明的未来。事实证明，这项技术的确大大提高了互联网的速度，并使诸如视频连续播送、移动互联网和在线游戏等许多应用成为可能，但是行业里大多数的公司并不盈利，价值也无法达到之前预计的水平。

这种情况每几年就会在新的领域里发生一次。由于技术和创新的加速，如今这种情况比以往发生得更频繁。在20世纪中，出现这种情况的"新兴"行业包括航空业、汽车工业、半导体、数字手表、电脑硬件、电脑软件、互联网、互联网公司以及光纤。21世纪以来，这类新兴行业包括太阳能技术、生物科技、社交媒体、电动汽车等。

从2005年左右开始，伴随着美国和中国等各国政府的支持和鼓励，太阳能技术蓬勃发展。这项技术的确有前途，因为太阳能是清洁的、无限的，并可以填补日益减少的石油和天然气资源所带来的能源缺口。技术的进步也将使用太阳能的成本降低到可以接受的水平。这是革命性的进步。即使托马斯·爱迪生（Thomas Edison）也曾经说过："我打赌太阳和太阳能会成为人类主要的能源。这么好的能源！我希望人类不必等到石油和煤炭耗尽才能将之付诸应用。"

瞬间，全球有数百个太阳能电池板公司涌现出来，其中不少公司也挂牌上市。这看起来似乎是投资者参与蓬勃发展的新技术的绝佳机会。投资者的不断买入推高了股价，并创造了新的财富。中国的太阳能公司尚德电力在纽约证券交易所上市，市值达120亿美元。其创始人施正荣身价超过20亿美元，一度成为中国最富有的人。美国太阳能公司SunEdison、First Solar和SunPower的市值都超过了100亿美元。

但竞争是残酷的，并来自世界各个角落。新的投资一波波地加入太阳能行业，新的公司一家家地参与角斗；在这个过程中，技术迅速进步，产能大大超过市场的消化能力，供给和需求的平衡被打破，太阳能电池板的价格崩塌。没有一家公司得以幸免。尚德电力和SunEdison现在已经破产，First Solar和SunPower跌掉了2008年市值的80%以上。SunPower还在亏损。太阳城（SolarCity）是一个太阳能领域相对较新的参与者，由具有远见卓识的企业家埃隆·马斯克（Elon Musk）担任董事长和最大的股东。太阳城也无法独立生存，只好并入了马斯克旗下的另外一家公司——特斯拉汽车公司。而特斯拉公司也有自己的问题。它不仅没有利润，亏损还在逐年增加。特斯拉公司所在的电动汽车行业也同样是热门领域，一直有新的公司进入。传言说，连苹果公司都在计划制造汽车。这一切，都让我回想起当年光纤泡沫中我所经历的痛苦。

不要误解我的意思。我其实一直坚信太阳能产业会有光明的未来。它的成本效益比越来越高，市场份额也在增加。作为一名曾经的科学家和发明家，我当然不会反对任何新技术和创新。新的技术和创新改善了人们的生活。它们只是不能算作好的投资。

公司有一个引起抢购风潮的产品

你还记得几乎每个孩子都穿着一双卡洛驰（Crocs）洞洞鞋的日子，或者是几乎每个青少年都穿着Aeropostale T恤的日子吗？这些品牌曾经都是潮牌，深受孩子们追捧。卡洛驰2006年的销售额比前一年增长了三倍，在2007年又增长了一倍多。从2004年到2009年，Aeropostale的销售额每年都增长了20%以上。家长们给孩子们买了鞋子和T恤后，又买了相应公司的股票。卡洛驰的市值一度超过60亿美元，Aeropostale的市值则一度接近30亿美元。

跳转回今日，洞洞鞋不再流行，也没有多少人还愿意穿着胸前绣着"AERO"的T恤。尽管卡洛驰成功地把其产品扩展到了其他领域，也维持了销售量的增长，但其股票跌幅超过80%，市值如今已经低于10亿美元。Aeropostale则回天乏术，已经申请破产。

如果你对这些公司的产品有所青睐，那么购买它们的股票是很自然的事。但是请确认公司的增长是可持续的，确认公司的盈利是稳定的。这就是为什么我们认为至少有十年盈利历史的公司才能真正算得上是一个优质公司。公司的产品和理念必须经得起一个完整的市场周期的考验；我们不希望自己投资的公司只是昙花一现。

公司处于周期的高点

一个公司可能看上去利润良好，且股票估值偏低，但实际上它的业务具有周期性，且公司正处于周期的高点。像汽车制造商、航空公司和耐用品生产商这样的周期性公司在周期的高点时的收益也高，市盈率相对偏低，股票价格看起来就格外吸引人。这种情况下，市销率和市净率则是更好的价格指标。如果公司生产石油、煤炭、钢铁、黄金等大宗商品，还有必要考虑大宗商品价格相对于其历史价格的位置。如果商品价格处于历史范围的高点，则要做好价格下跌的准备。我将在第九章中进一步解释如何对周期性公司进行投资。

我们听到过很多周期性公司的经营状况突然好转的故事。但通常来说，好转的原因并不是管理层有特殊的技能，而只是因为公司所在的周期性的市场有所好转。如果市场再次出现衰退，那么管理层可能会发现"我们成功地扭转了业务……但是方向反了"。

一般来说，我们投资时要避免选择周期性的股票，但如果你决心购买，最好的买入时机是周期的低点——当利空消息多，市场预期公司亏损的时候。许多公司可能因无法熬过周期的低点而破产，剩下的那些存活下来的、财务状况稳健的公司就是值得买入的。之后，当周期再次循环至高点，这些公司又容光焕发，再次产生巨大的利润时，千万记得要抓紧时间出手卖掉。与持续盈利的公司不同，周期性的公司会在市场再循环到衰退期时又一次陷入困境。

公司的增长速度过快

你希望你投资的公司持续增长，这是当然，但其实公司增长速度太快也不见得是好事。如果公司增长速度太快，则可能无法聘请到足够数量的合格的员工来维持产品质量和客户服务。21世纪10年代初期的Krispy Kreme和21世纪10年代中期的星巴克都经历过这一阶段。星巴克不得不关闭了900多家未能盈利的分店，并重新专注于其核心业务。

此外，这些高速增长的公司所需要的资本，很可能超过公司所能产生的利润，而这会进一步导致现金紧缩，迫使它们增加贷款。哪怕经济或公司业务本身出现微小波动，公司都可能无法偿还债务，面临破产风险。

特斯拉汽车公司的增长速度惊人，其最新的3系车型的等待时间据说已长达三年。公司为了跟上市场需求，大举扩张生产线，然而，汽车销量越高，公司的损失就越大。到目前为止，特斯拉公司的股票为2013年以前买入的人创造了极佳的收益。不过别忘了，特斯拉公司还刚刚收购了太阳城——这是另一家高速增长的公司，面临更严重的现金流问题。一方面，特斯拉公司的亏损和债务不断增加，另一方面又兼并了情况更为严峻的一家公司。这种情况下，我不会选择投资特斯拉公司。

增长速度过快是危险的。当一家公司快速增长时，要关注它的现金储备。

公司连续地进行强势收购

公司也可以通过收购来实现增长，这更危险。我可以列举出更多因收购其他公司而陷入困境的例子。在雄心勃勃的首席执行官的带领下，许多公司通过收购竞争对手而实现增长。它们收购时不惜支付高价，同时债台高筑。加拿大制药商凡利亚（Valeant）就是一个好例子。2010年，迈克尔·皮尔逊（Michael Pearson）成为首席执行官后，该公司开始了疯狂收购之旅。通过每年多次的收购，凡利亚的营业额从2009年的不到10亿美元，增长到2015年的超过100亿美元。在相当长的一段时间内，凡利亚的股票都是从美国到加拿大最受关注的股票。在投资者对公司高速增长的热情推动下，公司股票价格上涨了超过20倍。皮尔逊也被认为是世界上最有能力的首席执行官，并成为世界上薪酬最高的首席执行官之一。与此同时，公司的长期债务由3.8亿美元攀升至300亿美元。之后不久，凡利亚耗尽了它的好运气，吸引来了美国证券交易委员会（SEC）的调查。公司通过收购来增长的模式崩塌，皮尔逊出局。如今，公司依旧亏损，债务依旧高筑，股价自峰值下跌了85%。

当一家公司持续地进行强势收购时,要关注公司的债务。

公司所在的领域竞争过于激烈

没有任何一个行业不存在竞争,要想在竞争中胜出,一个公司就必须建立起"经济护城河"——这个"护城河"可能基于高品质、低成本、高品牌认知度、由人脉效应带来的高昂的顾客转换成本,等等。不同行业的竞争方式和规模都有所不同。一家餐厅主要与同一地区的其他餐厅进行竞争,而一家技术公司的竞争可能来自全世界任意一个角落。

如果一家公司销售的是普通日用品,那么其产品的辨识度就不会太高。这时竞争的要点就是价格,成本最低的公司会胜出。日用品包括石油、天然气、农产品、机票,以及保险。近些年来,许多高科技产品也变成了日用品——想想看,电视和电脑的价格是不是越来越低了?到今天,连智能手机都逐渐成为日用品。

零售业是一个非常有挑战性的行业,因为任何一家店所销售的任意商品都可以在其他商店中找到,任何促销行为都可以被竞争对手轻松地模仿。零售商店的竞争曾经是本地化的,但现在是全球化的和网络化的。已经有太多零售商因无法控制成本而关门大吉。还记得电路城公司、体育权威(Sports Authority)和凯玛特公司(K-Mart)吗?百货商店的竞争是最激烈的,不知何故,却总是有更多的店加入。1977年,沃伦·巴菲特因投资一家名叫Vornado Inc.的百货公司而遭受亏损,他写道:"事实证明,零售行业的供给过剩,Vornado和其他类似的折扣公司被凯玛特挤垮了。"[1] 如今,当年的获胜方凯玛特也早已倒下,而这个行业依旧如40年前一样供给过剩。

消费者转向在线购物使得百货商店的处境更加糟糕。我们将目睹彭尼百货、梅西百货（Macy's）、西尔斯百货等公司继续挣扎在生命线上。在竞争如此激烈的行业中，没有公司会是赢家。

公司为了提高市场占有率竭尽所能

公司拥有更多顾客并不总是件好事。公司最好还是针对特定的顾客群，并将其产品价格定在既具有竞争力，又仍然会给公司带来盈利的水平上。公司的注意力应集中在忠诚度高和带来盈利多的顾客身上。采用通过低价获得市场份额的策略，容易让公司陷入困境。

竭尽所能来获得市场份额，对于像银行和保险这样的金融机构来说可能是致命的。这个策略的负面作用通常在几年后才会显现，这就是为什么它们需要在严格的承销流程下，贷款给符合标准的顾客，并对潜在的损失进行定价。就在不久以前，银行放宽了承保标准，并向不符合资格的次级借款人发放贷款。银行间的价格战带来了"零首付，零利率，零支付"的贷款。次级贷款造成的金融危机最终导致世界金融体系陷入崩溃的边缘。参与最多的银行也受到了最严重的惩罚——其中很多已经破产且早已被遗忘了。

保险公司如果在未对风险进行准确定价的情况下承保太多客户，则可能陷入困境。在20世纪70年代初，盖可保险公司为抢夺市场份额而将汽车保险金设置在非常低的水平，这几乎导致了自我毁灭。到了破产边缘的盖可上调了保险价格，并放弃了不盈利的市场。它因此失去了一部分市场份额，但公司整体再次开始盈利。当我在2000年买下了我的第一套房子时，我从一家叫Texas Select的保险公司购买了房屋保险，因为这家公司的保费比其他保险公司的保费要低很多。但是在2006

年，这家保险公司破产了，我不得不向另一家保险公司重新投保，新保费高了许多。Texas Select的低保费可能在一小部分合格的客户群中是盈利的，但是由于定价过低而导致公司最终走向破产。

在2004年致股东的一封信中，巴菲特称伯克希尔·哈撒韦的子公司——国民保险公司（National Indemnity）是一家"自律的承销商"，因为1986—1999年，该公司坚持自己的定价不去与"最乐观的竞争对手"竞价，并不惜失去顾客来维持其承保的盈利能力。[2]

如果一家公司为了获得新的客户而竭尽所能，那就要远离它。

公司面临监管变动

多年来，营利性教育行业一直是一个利润丰厚的行业。该行业的主要业务是向无法进入获得资格认证的高等院校的人提供职业培训和大学程度的教育。该行业公司的营业额和利润实现了连续几十年的飙升；其股票更是21世纪头十年中表现最好的股票之一。但突然间，一切增长都停了下来。它们的学生无法找到工作，并同时背负着高额的学生贷款。政府提供了数十亿美元的经济援助，同时还要承担学生贷款带来的潜在亏损。营利性教育公司正在受到政府的调查，同时，新出台的法律制度大大限制了它们招生的规模。行业崩溃，股东们损失惨重。

一定要考虑你所投资的公司的监管风险。2008年金融危机爆发后，规范银行业的新法规层出不穷，一部分银行业曾经的收入来源消失了。奥巴马提出的《合理医疗费用法案》（Affordable Care Act）成为法律后，医院和医疗保险公司不得不改变原有的经营模式。这些都是在受监管行业投资所面临的风险。

公司有过时的风险

一家过时公司并不一定意味着它已经在该行业中经营多年。这只意味着公司不能适应行业的转变，意味着公司的产品失去了吸引力，并被新技术所取代。报业曾一度是最主要的新闻来源和广告媒介，但现在其地位已逐渐被互联网取代；百视达——一家租借视频DVD的实体店已被网飞所取代；柯达（Kodak）的胶卷已被数码相机所取代；零售商店已被网上购物所取代。

加拿大智能手机制造商黑莓曾经主宰了商界，拥有智能手机市场份额的50%以上。各大公司的几乎每个管理人员都有黑莓手机，连我都有两台黑莓手机。然而，黑莓在触屏手机出现后未能及时调整战略，也没有建立起可以提高顾客转换成本的生态系统——我还记得我怎么都记不住黑莓上删除多封邮件的快捷键组合。如今，智能手机市场上已经没人还记得黑莓手机了。

这些过时公司的问题是，它们拥有很多资产：房地产、专利、品牌、子公司，等等。当公司的股票价格经历了大幅下跌时，这些资产对价值投资者非常有吸引力。但是，这些通常都是价值陷阱，是使价值投资者损失大部分资金的情况。我将在本章下一节更详细地讨论价值陷阱。

***

如果上一章中的警告信号是疾病的症状，那么本节讨论的现象则是导致疾病的内生问题。一家公司如果出现了上一章中的警告信号，不一定说明公司真正有问题。考虑到警告信号产生的原因和购买价格之后，这些公司仍然可能值得购买。但是，如果一家公司出现我刚刚描述的任何现象，那就应该完全避免投资。

比较麻烦的是这些公司不一定会很快失败。虽然这些公司已是"行尸走肉"（Dead companies walking），如对冲基金经理斯科特·福尔森（Scott Fearson）在他著名的同名书《行尸走肉》[3]中所说的那样，但它们仍然可以继续存活多年，特别是当市场蓬勃发展、资金充足时。这些公司对喜欢低价购买股票的投资者极有诱惑力。但是，正如彼得·林奇所说："一家公司的经营状况不好，并不意味着它不会变得更糟。"[4]如果一家公司过时了，它的经营状况一定会变得更糟。

价值陷阱

有经验的价值投资者可以识别上一节描述的大多数经营不善的行为。但不幸的是，价值投资者常常被便宜的价格蒙蔽了双眼，而无视公司价值的长期前景——这个便宜的价格背后可能是不停损失价值的价值陷阱。价值投资者因为陷入价值陷阱而损失的资金，比因为买入价格过高而损失的资金要多太多。即使是一些最好的投资者也可能陷入价值陷阱。伯克希尔·哈撒韦公司是巴菲特投资时陷入的一个价值陷阱，最终耗费了他和他的合伙人1 000亿美元。[5]西尔斯公司，正如我在第二章中深入讨论的，也是一个价值陷阱，导致布鲁斯·贝科维茨和他的费尔霍姆基金会的股东错失了多年跑赢市场的

第七章 失败、错误和价值陷阱

机会。

在一个典型的价值陷阱中,股价相对于利润、现金流,特别是公司的资产,通常看起来会很便宜。这些资产可能是房地产、专利、品牌、收藏品或公司拥有的业务。但是,该公司已经失去了竞争优势,并且盈利能力正处在永久下降的道路上。虽然公司的股价相对于其拥有的资产看上去非常便宜,即使公司经营分文不赚,也还是便宜。但实际上,使得公司快速停业清算的诱因几乎不存在。管理层的首选总是改善经营策略——这个过程可能持续多年,公司的价值在这个过程中会持续下降。即使公司最终决定停业清算,清算时资产卖出的价格也往往远低于其价值,同时,清算成本也可能大幅减少收益。

我在上一节中提到了黑莓。两家大型价值投资公司Primecap Management和费尔法克斯金融公司在过去几年都曾投资黑莓,并各自成为价值投资者陷入价值陷阱的典型案例。两家投资公司从业经历都超过数十载,创下了令人羡慕的历史业绩。它们都没有在黑莓快速成长、股票价格虚高的时机买入——该公司股份在2008年达到每股近150美元、市值800亿美元的高点。反之,这两家公司都是在黑莓的股价从高点跌了一半后的2010年开始买入。随后,黑莓股价持续下滑,两家公司也不断增持股份。到2012年,黑莓股票的交易价格已经低于17美元,相对于公司的资产看起来更便宜。投资的理由是公司拥有宝贵的资产和可观的业务,其中包括:

……黑莓的品牌,首屈一指的安全系统,遍布全球650家电信运营商的分销网络,7 900万名用户,占《财富》500强90%的企业客户，与加拿大、美国和英国政府几乎垄断性的合同，一个巨大的原创专利集合，由QNX开发的优秀的新操作系统，29亿美元的现金，且没有债务。[6]

2013年，黑莓聘请了索斯藤·海因斯（Thorsten Heins）担任新任首席执行官。这一任命并没有能够扭转黑莓的命运。在不到一年的时间里，黑莓又聘请了约翰·陈（John Chen）来取代海恩斯。曾就读于加州理工大学的陈先生拥有傲人的运营科技公司的经历。[7]但是自从他加盟以来，黑莓的状况已经从"收入约80亿美元，现金26亿美元，没有债务"恶化为"收入低于15亿美元，现金12亿美元，债务6亿美元"。截至2016年11月，每股有形账面价值从2012年2月的12.5美元减少到只有1.72美元。黑莓在过去四年里的每年都在亏损。[8]该股票现在的价格为7美元。如果以股价与有形资产之比来衡量，黑莓现在7美元的股价比2012年的17美元的股价更贵。

有人可能会认为，仅仅黑莓的4 000多个专利集合的价值就比目前每股1.72美元的账面价值更高。这听上去是没错，比如当苹果和微软在2011年购买了停产的北电的专利时，或者谷歌在2013年购买了摩托罗拉移动的专利时，它们分别都为每个专利支付了7 000美元。但实际上专利的价格非常难以估计。当我还在前任雇主处做科学研究员时，我们的专利法律顾问曾经讲了个故事给我：在专利诉讼中，双方会分别将专利文件打印出来，然后带到法庭里比较两叠的高度，堆叠较高的一方将会赢得诉讼。了解专利的细节成本太高了。而且，阅读专利文件是世界上最无聊的工作。对于北电专利，谷歌最初只想为每项专利支付1 500美元。随着时间的推移，许多专利将达到20年的保护期而变得毫无价值。正所谓对价值的侵蚀!

识别价值陷阱的关键在于判断公司的竞争优势是否仍然存在,以及公司的价值是否仍然在增长。一旦其业务失去竞争优势并且开始走下坡路,其资产也将失去其盈利能力从而价值降低。投资者应该总是问自己这些问题:此公司能否按照过去的方式赚钱?有没有竞争对手现在超越了此公司?竞争对手能否以更低的价格提供类似的产品和服务并盈利?

体重管理服务公司(Weight Watchers)是另一个代价高昂的价值陷阱。该公司2011年的股票价格在80美元以上,市值超过50亿美元。互联网、免费移动和其他体重管理应用程序以及电子体重管理方法以低廉的成本与体重管理服务公司的主营业务竞争。体重管理服务公司的利润率开始了长期的下降。关注利润率的投资者有很多机会卖出其股票。今天,体重管理服务公司的股票价格刚刚高于10美元。

亚马逊的首席执行官杰夫·贝索斯(Jeff Bezos)有句名言:"你的利润是我的机会。"[9]如果一家企业不能建立起一个"经济护城河"来保护其盈利能力,那么其利润率注定会因竞争缩水。

价值陷阱的最终崩塌通常经过四个阶段:

第一阶段,毛利率和营业利润率下降。如果一家公司失去竞争优势,第一个信号通常是利润率的下降。在这个阶段,其营业额和利润可能会保持增长,并掩盖了公司存在的问题。2000—2006年的体重管理服务公司就处在这个阶段。

第二阶段,营业额增长放缓,利润增长停止。2006—2012年的体重管理服务公司就处在这个阶段。

第三阶段,随着营业额增长进一步放缓,利润开始下滑。2012—

2013年的体重管理服务公司就处在这个阶段。

　　第四阶段，营业额和利润都下降。自2013年以来，体重管理服务公司一直停留在这一阶段。

　　对于瞬息万变的行业，比如智能手机行业，衰退发生得更快，每个阶段都比体重管理服务公司所经历的更短。当公司的利润率和利润都出现下降，公司开始出现亏损时，公司的股票价格就会开始大幅下跌。这时的股票可能看起来便宜，但是如果投资者能够考虑到公司的竞争力，就不会轻易被股票便宜的价格所诱惑。据报道，2015年10月，奥普拉·温弗里（Oprah Winfrey）收购了体重管理服务公司10%的股份；股价应声反弹了300%。奥普拉现在亲自为公司做广告，与大家分享公司为她自己设计的减肥计划和经验。如果她期待的是她的粉丝会追随她成为付费会员从而使公司利润增加，那么这一目标目前还没有实现。体重管理服务公司仍然面对成本更低的竞争对手，即使是奥普拉也不能改变这一事实。一个好船长也无法拯救一艘开始下沉的船，更不要说靠名人效应了。

　　大多价值陷阱公司最终都会完全崩塌。有些公司可能会重新改造自己，改变它们的产品重心，然后在较低的盈利水平上重新稳定下来。后一种情况可能被视为转机，股票价格可能略有回升，但很少有公司能重现过去的辉煌。在以上任何一种情况下，在下降期间以"低廉"的价格买入股票都会带来永久性的损失。

期权、保证金借贷和做空

在本章开篇，我曾提到投资股票期权、采用保证金以及做空股票都可能会赔钱。如果你购买的是一个优质公司的股票，时间会是你的朋友。但如果你购买的是同一优质公司的股票期权，时间就不一定起什么作用了。期权是基于一段时间内公司股票价格的判断，即使你对公司价值走势的判断是正确的，短期内的股价下跌也会让你损失投资本金。

采用保证金来买入股票也有类似的效果。你的收益和损失都会被杠杆放大。当市场出现极端的波动时，即使你对公司的看法是正确的，你也可能会损失所有资金。

卖空时，你可能获得的最大收益是100%，而可能遭受的最大损失却是无限大的。虽然有许多公司破产，它们的股票归零，但很少有人可以长期通过做空股票赚钱，这是因为从长期来看，经济和业务都会增长，股市也会走高。也许你正确地预见到了公司会陷入困境，甚至有一天会破产，但是股票价格下跌可能需要很长时间。同时，很少有高管想看到自己公司的股票下跌，他们可能会使用股票回购和提升股息等方法来提高股价。在股市泡沫中，即使是亏损公司的股票价格也可能上涨。而在等待股票下跌的时间里，你需要支付融资融券的费用，还有融券的股息。记住约翰·凯恩斯说过的："市场保持不理性的时间比你能坚持的时间要长。"你要尽量避免时间对你不利，让你可能面临永久性损失的情形。

唯一我推荐考虑使用期权的情况，是通过卖出看跌期权来降低买入成本。看跌期权是一种合约，期权卖方收取权利金，并有义务在合约期满前以行权价格买入股票。在行权时，如果股票的交易价格低于执行价格，则期权卖方支付的价格高于市场价格；如果股票的交易价格高于执行价格，则看跌期权的买方（股票的持有者）将不行使期权，合同期满无效。巴菲特在1993年购买可口可乐股票，以及在2008年购买伯灵顿北方圣太菲铁路运输公司（BNSF）的股票时，都采用了卖出看跌期权的方法以降低他的购买成本。

我们可以看看在BNSF的交易中，巴菲特具体是如何通过卖出看跌期权来降低交易成本的（如表7.1所示）。

表7.1 通过卖出看跌期权降低交易成本

交易日期	市场价格（美元）	行权价格（美元）	卖出股票数量（股）
10/6/2008	84.98	80	1 309 524
10/8/2008	81.44	80	1 190 476
10/8/2008	81.44	77	761 111
10/10/2008	80.16	75	1 217 500
10/16/2008	80.47	76	1 000 000
12/3/2008	75.50	75	2 325 000

巴菲特在BNSF上出售的所有看跌期权都是短期的——到期日都在大概两个月之后。对于2008年10月6日的交易，该股成交价格为84.98美

元。巴菲特可以以这个价格直接买入股票,但他选择卖出了执行价为80美元、到期日为两个月后的看跌期权,期权价格为每股7.02美元。在2008年12月8日的合约期满日,该股票以76.55美元的价格成交。巴菲特不得不以80美元买入股票。但他的实际每股成本为72.98美元,为执行价格减去期权价格。所以,巴菲特通过卖出看跌期权而不是直接购买股票,将股票交易成本降低了12美元。到2008年12月为止,巴菲特多次用卖出看跌期权的方式买入股票,在此间一共购买了780万BNSF的股票,为伯克希尔·哈撒韦节省了7 500万美元,占总成本的13.7%。

当然,世界上没有免费的午餐。在这个例子中,巴菲特的操作有效,是因为在卖出看跌期权后的几个月内,BNSF的股价下跌。如果BNSF的股价上涨了,那么巴菲特就买不到了。这种情况下,虽然他会有5 100万美元的期权保证金入账,但是,按伯克希尔·哈撒韦公司在2010年2月收购BNSF时每股100美元的股价计算,这些股票最终将花费1.05亿美元。期权在到期日白白过期的风险永远存在,而如果不想支付更高的价格,就只能失去投资机会。

巴菲特成功通过卖出BNSF看跌期权获益的另一个原因是时机刚好。虽然巴菲特说他在市场上从不择时,但他出售期权的时机选得不能更好了。2008年第三季度至2009年第一季度这段时间的波动率,达到了股票市场三十多年以来(除了1987年的"黑色星期一"以外)的最高点。当波动率高时,期权保证金也较高。行权价格比股价低5%的两个月期看跌期权的保证金接近股价的9%。今天,类似的看跌期权的保证金大约只有股价的1%。

卖出看跌期权时,总是存在合约到期需要买入股票的可能性。因此,你需要确保只卖出你愿意长期持有的股票的看跌期权,并确保你持有足够现金以备买入股票。如果股价低于执行价格,你将获得股份。如果你只是喜欢期权保证金而痛恨其标的股票,那么卖出看跌期权可能给你带来大麻烦。我知道有人卖出了北电的看跌期权。她收获了期权保证金,但最终被迫购买北电的股票——最终北电的股票价格跌到了零!

总之,卖出看跌期权可以成为降低股票成本的有效途径。但请记住:

- 只卖出短期的看跌期权。
- 市场波动性大时,卖出看跌期权更容易获益。
- 只卖出你愿意购买的股票的看跌期权,并且确保有足够的现金购买股票。
- 如果股价一直攀升,那你有可能失去投资机会。

除了这种情况以外,请远离其他期权,同时远离保证金,也不要做空。

如果说我在第三章和第四章中把投资优质公司说得很容易,那么在这两章中,我可能又把它说得太复杂。投资优质公司当然并不容易。如查理·芒格所说,任何认为这件事简单的人都是愚蠢的。但是,我们可以寻找相对简单的情况,比如一个具有浅显易懂的业务的公司,以及一个变化相对较慢且监管风险低的行业。巴菲特说过,投资不像体操比赛,不会因为你选择难度系数更高的动作而获得更高的分数(更大的回报)。面对每个投资机会,他都会考虑这个机会究竟是"可以投资""不该投资",还是"太难了,想不明白"。而大多数机会都属于"太难了,想不明白"。

如果这听起来还是太难,那也不要气馁。你可以投资一篮子优质公司，通过它们良好业务的长期繁荣来获得巨大回报。这真的很简单。

本章注释

[1] John Huber, "A 1977 Warren Buffett Interview from the WSJ Archives," http://www.gurufocus.com/news/438345

[2] Warren Buffett, Berkshire Hathaway shareholder letter, 2004, http://www.berkshirehathaway.com/letters/2004ltr.pdf

[3] Scott Fearson, *Dead Companies Walking*, Macmillan, 2015.

[4] Peter Lynch with John Rothschild, *One Up on Wall Street*, Simon & Schuster paperbacks, New York, 1998.

[5] Warren Buffett, Berkshire Hathaway shareholder letter, 2014, http://www.berkshirehathaway.com/letters/2014ltr.pdf

[6] Prem Watsa, Fairfax Financial Holdings shareholder letter, 2012, http://s1.q4cdn.com/579586326/files/Letter%20to%20Shareholders%20from%20Annual%20Report%202012%20FINAL_v001_o7033s.pdf

[7] https://en.wikipedia.org/wiki/John_S._Chen

[8] BlackBerry Financial Data, http://www.gurufocus.com/financials/BBRY

[9] Adam Lashinsky, "Amazon's Jeff Bezos: The Ultimate Disrupter," http://fortune.com/2012/11/16/amazons-jeff-bezos-the-ultimate-disrupter/v

第八章
被动投资组合、现金比例及投资组合表现

如果你已经读到这儿了,你就会意识到投资并没有什么诀窍。我时不时会遇到这么一类人,他们说多么希望巴菲特直接向公众透露他的投资诀窍。其实,过去60年来,巴菲特在他的股东信件、采访、演讲和其他文章中已经透露了所有关于投资的秘诀。它们就那么静静地躺在那里任你去采撷,等着你去研究——只要你愿意努力,勤于学习。

如果你对学习投资不感兴趣,或者你没有时间,但仍然想从优质公司的成长过程中获益,你可以通过简单地投资标准普尔500指数基金、优秀的共同基金或一篮子优质公司来达到目的。我在第三章中已经提到,标准普尔500指数公司平均比其他美国企业做得要好。Sungarden投资研究公司的一份保守而且不带生存偏见的研究发现,十多年来,标准普尔500指数跑赢了60%的主动型共同基金。巴菲特也说过,他去世以后,他的妻子将投资指数基金。[1]关于指数投资,在1993年的伯克希尔股东大会报告中,巴菲特写道:"当'愚蠢'的资金意识到它的局限时,它就不再愚蠢了。"[2]标普500指数基金通常收费低廉,投资组合变动小。其中,低收费是指数基金表现优于主动型基金的主要原因之一,而投资组合变动小也减少了需缴纳的税款。

为了实现最佳的长期投资效益，你最好不要揣摩市场时机（择时），而是应该不管股市如何变换，不断地买入指数基金。你还要保持全仓投资。如果能做到这一点，从长远来看，你的收益会很不错。如果你以合理的价格投资一篮子优质公司，并从这些优质公司的长期高回报中受益，你的收益可以会更高。

一篮子优质公司

在第三章中，我强调，如果我们把投资重点放在盈利稳定、投资回报高的优质公司，我们可以降低亏损的风险，实现高于市场平均水平的总体回报。如果我们以合理的价格购买它们，那么回报应该更好。那些没有时间或兴趣研究每个公司细节的投资人，可以简单地购买一篮子这些优质公司的股票，这应该比被动指数投资更好。

GuruFocus从2009年开始追踪一个这类公司的投资组合。该投资组合包括25家在过去10年内不间断盈利的公司，如果以贴现现金流模型衡量，这些公司的价值都被低估了。表8.1是2009年1月至2016年9月的投资组合的表现。

表8.1　25家被低估公司的投资组合收益率

（单位：%）

年份	标普500指数	25家被低估的易预测的公司
2009	23.45	55.72
2010	12.78	20.17
2011	0	−3.32
2012	13.41	5.29
2013	29.60	24.81
2014	11.39	11.38

（续表）

年份	标普500指数	25家被低估的易预测的公司
2015	−0.73	−0.17
2016	9.54	21.08
累计收益率	148	220
年化收益率	12.0	15.7

在每年的第一个交易日，这个投资组合会做重新平衡。我们会每天计算投资组合的价值。在这一年中，我们对投资组合本身不做任何变动。如果任何一个公司被收购，那么根据收购协议，相应的投资将转为现金或收购公司的股份。自2009年1月2日创建以来，该投资组合的年均收益率达到了15.7%。同期，标准普尔500指数平均每年的收益率为12%。因此，这样一个持续盈利公司的投资组合自2009年以来每年表现超过市场3.7%。注意，以上所有统计数字均不包括股息。

2010年1月，我们创建了另外两个由持续盈利的公司组成的投资组合，这些公司的市场价格接近十年市销率低位和十年市净率低位。截至2016年9月它们的表现如表8.2所示。

表8.2　25家市销率低位公司和25家市净率低位公司的投资组合收益率

（单位：%）

年份	标普500指数	25家处于历史市销率低位的公司	25家处于历史市净率低位的公司
2010	12.78	19.05	16.39
2011	0	−2.01	−1.87

（续表）

年份	标普500指数	25家处于历史市销率低位的公司	25家处于历史市净率低位的公司
2012	13.41	17.79	17.62
2013	29.60	29.60	33.18
2014	11.39	15.09	20.01
2015	−0.73	−3.75	−4.63
2016	9.54	19.55	16.60
累计收益率	101	136	139
年化收益率	10.5	13.0	13.2

如表8.2所示，自创立以来，这些投资组合每年跑赢市场约2.5%。

值得注意的是，这些投资组合不是每年都能跑赢市场，但随着时间的推移，它们的回报明显优于市场平均水平。具体的操作是这样：对每个公司的初始投资为4%。投资组合每年重新平衡一次。在重新平衡的时候，我们再次进行筛选。我们会卖掉被筛除的公司，并以相等的权重买入新公司。剩下的公司不做变动。投资组合的转换率约为每年25%。

与对冲基金经理乔尔·格林布拉特（Joel Greenblatt）发明的神奇公式[3]相比，GuruFocus的方法考虑到了企业的长期业绩，而不是像神奇公式那样只注重最近的表现。GuruFocus方法选出的公司的质量要高于格林布拉特神奇公式选出的公司的质量。我预计在市场下行周期，GuruFocus组合的表现会优于神奇公式组合。

然而，这三个投资组合尚未经过下行周期的考验。在GuruFocus跟踪的示范投资组合中，最广泛持股组合在上行、下行市场中都有良好表现。这个组合由一组既定投资者最广泛持有的25只股票组成。最广泛持股组合也每年重新平衡一次。你可以在以下链接查看最新的投资组合和表现：http://www.GuruFocus.com/model_portfolio.php?mp=largecap。

该投资组合的年度业绩如表8.3所示。这个投资组合平均每年跑赢标普500指数约2.4%。自2006年1月创立至2016年年底，在11年中有9年的市场表现超过标准普尔500指数。

表8.3 最广泛持股组合的市场表现

（单位：%）

年份	标普500指数	最广泛持股组合
2006	13.62	15.18
2007	3.53	−5.47
2008	−38.49	−29.98
2009	23.45	30.70
2010	12.78	14.63
2011	0	0.54
2012	13.41	16.99
2013	29.60	30.85
2014	11.39	12.30
2015	−0.73	6.07
2016	9.54	0.38
累计收益率	79	129
年化收益率	5.5	7.8

我们可以看到，在过去11年中，该投资组合的表现优于标普500指数，累计收益率比标普500指数高出50%。对于期望依靠长期投资积累财富的投资者而言，这还是相当可观的。

一篮子优质公司的投资方式比投资指数基金稍微复杂一点。你需要持有25个公司的股票而不是一个基金。每年需要做一次重新平衡，但大多数情况下，重新平衡只需涉及组合中25只股票里的大约7只。和每年跑赢标普500指数超过2%的表现比起来，这点麻烦应该不算什么。

股息收入投资

基于优质公司的被动投资组合方法也可以应用于退休投资。投资者可以建立优质公司的退休投资组合，并依靠投资组合中公司支付的股息来解决日常生活开销，而无须动用投资组合的本金。

对于退休投资组合，选择具有坚实的财务实力和稳定的盈利能力的公司是非常重要的。只有这样的公司才能在恶劣的环境里生存下去，并继续支付股息。不仅如此，这样的公司还应该能够随着时间的推移增加股息，使投资者的股息收入增长快于通货膨胀。这个投资组合应该适当分散于不同的行业，以抵消某些行业的持续低迷。

股息收入组合的要求可概括为：

（1）公司需要有强健的资产负债表。强健的资产负债表对公司的生存和股息的安全至关重要。在GuruFocus从1到10的财务实力指标中，它的财务实力需要在6以上。

第八章 被动投资组合、现金比例及投资组合表现

（2）公司需要有高额利润。只有在有利可图的情况下，才能产生足够的现金来支付股息，保持强劲的财务实力。在GuruFocus从1到10的盈利能力指标中，它的盈利能力需要到7或更高。

（3）公司需要展示出一贯的良好业绩和盈利能力。如果用GuruFocus的可预期指标来衡量的话，它的星级应该在2.5或更高。

（4）公司投资资本回报率足够高。GuruFocus要求它的10年投资资本中位数回报率达到10%或者更高。这是对优质公司的要求。

（5）公司必须在过去10年内年年盈利，并且10年的营业利润率中位数在10%以上。

（6）公司需要有合理的增长能力。收入和盈利增长率都应在5%以上。

（7）公司需要拥有10年或更长的股息增长历史。

（8）派息比例应为0.7以下。我们希望派息比例较低，这样股息上涨空间更大。

（9）目前的股息收益率应在2%以上。这是股息收益率必须高于市场平均水平的要求。

（10）五年期股息成本收益率应在2.5%以上。股息成本收益率定义为五年后支付的股息与现在股票成本的比例。这个要求确保公司的股息增长得足够快，以至于在五年之内，相对于初始成本的股息收入比目前高得多。

制定条件（1）至（6），是为了确保我们只投资优质公司。条件（7）至（10）用于保证公司满足股息要求。我已经用GuruFocus的一站式筛选器根据这些条件构建了股息收入投资筛选器；你可以去这里找到它：GuruFocus.com Menu → All-In-One Screener → Dividend Income Portfolio。

可以通过该筛选器的公司数量在很大程度上取决于市场估值。市场估值高时，企业平均股息收益率偏低，很少有股票可以通过筛选器。比如，如果今天运行筛选器——股票市场已经经历了7年半牛市，市场在历史最高水平的3%以内——那么只有16只股票通过筛选，平均股息收益率为2.4%，比标准普尔500指数的股息收益率高出约20%。当市场走低时，同样的筛选器会筛选出更多的股票。

按股息收益率为2.4%、投资组合为100万美元计算，产生的年度股息收入为24 000美元。然而，这16只股票的平均五年期股息成本收益率为5.44%。这意味着如果这些公司像过去五年那样快速增加股息，那么投资者在未来五年内的股息收入将会增加一倍以上。

手握现金

在股息投资组合中，我将最低股息收益率设置为2%，这比历史水平低。当前，股市接近历史最高点，股息收益率创历史新低。如果投资人想用更高的股息收益率来筛选，则找不到足够多样化的股票来构建股息投资组合。资金必须以现金形式存放，以等待更好的机会。

这也是目前对估值比较敏感的投资者所面对的两难问题。市场出现上涨之后，大部分股票的估值已经很饱满。没有足够的股票满足安全边际的要求。放宽对安全边际的要求意味着很大的下行风险。同样，资金必须以现金形式存放，以等待更好的机会。

能自律而且有经验的投资者可以选择这样做，这样可能获得更好的长期回报。但随着市场继续上涨，持有现金是非常困难的。持有现金拖累了投资组合的整体表现，特别是在银行利率低、"现金是垃圾"的时候，但是当市场进入下行阶段（每隔一段时间它就会来这么一次，而且绝对会来）时，持有现金可以保护你的投资，并让你有机会以更低的价格购买股票。这就是为什么雅克曼基金可以在2008年的下跌市场中跑赢标准普尔500指数11%，而在2009年市场复苏时更是跑赢了标准普尔500指数33%。别忘了，在下跌市场上，"现金为王"。

当你持有现金时，你仍然希望得到一些回报，同时保持流动性。你可以通过TreasuryDirect购买短期国库券，或者购买短期国库券的ETF，如iShares 1—3年期国债ETF SHY。然而，购买这只ETF确实会带来一些利率风险。

有时候你可以通过参与并购套利活动来获得更高的现金回报率。巴菲特早年可没少这么干。[4]

并购套利

当巴菲特持有现金很多，而投资标的不够多的时候，他会试图用并购套利获得比国库券更高的回报率。这样他就不用放宽长期投资的标准，用查理·芒格的话说，"这让他没工夫去酒吧"。至少在20世纪90年代中期以前，他一直都是这么做的。[5]

并购套利是指，如果A公司收购B公司，投资者买入B公司股票而同时卖空相当数量的A公司股票（比如A公司要用2股股票换B公司1股股票，投资者每买入1股B公司股票，就同时卖空2股A公司股票）。如果最终并购成功，卖空和买入的股票将相互抵销，投资者将可以赚到在交易时出现的价格差额。

有时并购是现金交易。也就是说，A公司将以现金收购B公司。在这种情况下，不需要卖空A公司股票。投资者可以参考并购价格，然后直接用折扣价购买B公司的股票。

并购套利最大的风险是并购失败。通常来说，为了达成并购，A公司的报价相对于B公司股价有较大的溢价。并购宣布后，B公司股价会立即上涨，接近报价。如果并购落空，B公司股票会立即下跌至原先价位，甚至更低。有时为了寻找价格差额只有2%的并购套利，投资者可能会损失约40%或更多。在这种情况下，为了不让短期投资失败成为长期负担，投资者必须在亏损很大的状态下出售B公司股票。因此，如果20个并购套利中有一个失败，投资者就赚不到钱。

不过有时也会有惊喜。并购宣布之后，另一家公司也想要收购B公司，它们便会开出更高的价格。这种投标战可以再次提升B公司的股价。结果，原以为只有2%到3%的回报，实际上你可能会在很短的时间内获得20%或更高的回报。这是一个"天上掉馅饼"的并购套利。

但是，与给人惊喜的情形相比，并购失败的情况要多得多。由于收益和亏损之间的风险差异，并购套利的关键是避免不成功的交易。巴菲特和对冲基金经理约翰·保尔森（John Paulson）在并购套利方面取得了巨大的成功。[6]他们都各自遵循严格的规则，以避免可能失败的交易。以下是他们在选择参与并购套利之前要考虑的一些事情：

- 收购方的规模是否够大？
- 收购方是否有良好的并购交易记录？

- 并购协议是否已经确定？
- 交易是否有附加的融资条件？
- 这笔交易是否要经过尽职调查？
- 公司是否被一个表现优异的公司收购？
- 估值有多合理？
- 监管风险有多大？
- 对于税收的影响会是哪些？
- 另外一个投标者进场的机会有多大？

即使考虑到了这些因素，交易中仍有许多其他情况可能会发生：市场条件、利率、政治因素、新的投标者，等等。此外，并购套利投资者应该在不同的行业进行多元化的投资。

并购套利只适用于资深投资者。有兴趣的朋友可以阅读弗吉尼亚·雷诺兹·帕克（Virginia Reynolds Parker）编写的《管理对冲基金风险》（*Managing Hedge Fund Risk*）一书中，保尔森所写的"套利风险"一章。[7]

如何审视投资策略的表现

如果在市场估值偏高时提高投资组合中的现金比重，估值偏低时降低投资组合中的现金比重，你不一定会有较高的长期回报，因为你不可能知道被高估的市场还会被高估多久。在牛市期间，你可能会过早地提高现金比重，导致回报减少，而且你还可能在熊市来临时，过

早地降低现金比重,并再次导致回报减少。

当谈到投资策略表现的时候,投资者所犯的最大错误通常是只看"后视镜"。他们根据某个策略在过去几年的表现来做决定,并倾向于把钱投入最近表现抢眼的组合。这也是大多数投资者对共同基金和ETF的认知。在20世纪90年代末,许多投资者倾向于投资科技类公司,因为科技类基金在那几年中表现得非常出色。可是问题来了,科技行业的抢眼表现大幅提升了该行业的估值水平,并直接导致了低迷的未来回报。事实上,把所有资金和策略都集中在某些行业、区域或资产类别中的投资组合都存在同样的问题。

投资者应该至少在一个完整的市场周期内,考虑基金或策略的表现,以决定其是否真正做得很好。行业基金、区域基金以及专注于某个资产类别的基金或策略也是如此。如果市场继续上涨,那么一直选择不全面投资的基金将会表现不佳。但是,如果市场下滑,这些基金将会跑赢大市,因为它们可能会利用市场调整期间的较低市场估值来部署现金。前面曾经提到,Sungarden投资研究所的研究也发现:在过去两个牛市中,标普500指数跑赢了80%和63%的主动型同类基金;然而,在下行市场周期中,该指数仅跑赢了34%和38%的同类对手。

这里的完整市场周期意味着从峰值到峰值或从谷底到谷底。最后两个从峰值到峰值的周期是从2000年第一季度到2007年第三季度,然后再到2016年第三季度。目前来看,2009年3月开始的这波牛市可能还会持续,但是应该已经非常接近它的高峰。

***

总之，即使你不感兴趣或没有时间研究公司，你仍然可以通过投资一篮子优质公司而从伟大企业的长期发展中受益。你需要坚持这个策略，始终保持全额投入，并遵从基于平均成本的购买原则。随着时间的推移，你将会比指数基金做得更好。

对于喜欢研究业务和公司的人，你可以把投资重点放在几个优质公司上，等待你的将是更好的长期回报。没有什么诀窍，一旦你以合理价格投资了优质公司，剩下要做的唯一事情就是努力研究公司业务，积累经验，不断完善。

本章注释

［1］Bob Isbitts, "Index Funds Beat Active 90% of the Time, Really?" http://www.marketwatch.com/story/index-funds-beat-active-90-of-the-time-really-2014-08-01

［2］Warren Buffett, Berkshire Hathaway shareholder letter, 1993, http://www.berkshirehathaway.com/letters/1993.html

［3］Joel Greenblatt, *The Little Book That Beats the Market*, John Wiley & Sons, 2010.

［4］Berkshire Hathaway shareholder letters, 1972—1999, berkshirehathaway.com/letters/

［5］Warren Buffett, Berkshire Hathaway shareholder letter, 1988, http://www.berkshirehathaway.com/letters/1988.html

［6］Virginia Reynolds Parker, *Managing Hedge Fund Risk: Strategies and Insights from Investors, Counterparties, Hedge Funds and Regulators*, Risk Books, 2005.

［7］Ibid.

第九章

如何为公司估值

在第二章中,我们讨论了基于公司资产的估值方法。在第五章中,我们把重点放在盈利能力可预测的公司,探讨了基于自由现金流和盈利的估值方法。在本章中,我想先从广义上阐述如何评估公司业务,进而探讨对于不同的行业和在不同情况下,这些估值方法哪些适用,哪些不适用。

本章将详细讨论各种估值方法及其应用。虽然我以前曾经提到过,对那些只投资优质公司的投资者而言,应该尽量避免一些行业,不过我将在本章中触及这些行业中的一些。所以请不要把本章涉及的内容与只投资优质公司的投资理念相混淆。

估值方法可分为三类:(1)估值比率;(2)内在价值;(3)回报率。我将在本章中对每类方法做详细解读。

估值比率

估值比率方法是最常用的估值方法。在所有估值比率中,市盈率(*P/E*)是最常用的比率。此外,还有市销率、市净率、价格/自由现金流、EV/EBIT、EV/EBITDA等。

市盈率

我们可以把市盈率直观地理解为投资者通过公司的盈利收回本金所需要的年数。例如,如果一家公司每年每股收益为2美元,股票交易价为30美元,则市盈率为15倍。因此,假设盈利在未来15年保持不变,投资者需要15年才能通过公司的盈利收回本金。

在公司实际运营中,盈利不会永远保持不变。如果一家公司盈利是增长的,那么投资者就可以用较短的时间来收回投资成本。如果公司的盈利下降,则投资者需要更长的时间才能收回成本。作为股东,你希望公司尽快帮你收回投资成本。因此,只要市盈率为正值,市盈率较低的股票更具吸引力。此外,对于相同市盈率的股票,增长较快的公司更具吸引力。

根据彼得·林奇的说法,股票的合理市盈率大致应该是公司的增长率。[1]在第五章中,我曾解释说,在合理的市盈率下,一家成长型公司的股价大约就是它的合理价值,而这个合理价值会受利率的影响。

用一个公司现在的市盈率和该公司市盈率的历史数据作比较是很有用的，它可以让你了解相对于以往，当下的市场如何给该公司估值。例如，图9.1显示了自1998年以来沃尔玛的市盈率。2000年，它的市盈率达到历史新高（60倍），这时候买进的投资者，直到12年后才算把亏空填平，而这时候，沃尔玛的每股收益已经达到了12年前的4倍。而那些在2011年沃尔玛市盈率降到历史最低点（11倍）的时候进场的投资者，在12个月内就迅速获得了40%的收益。

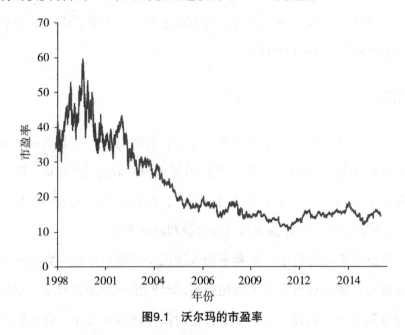

图9.1　沃尔玛的市盈率

如果一家公司亏损，市盈率将变得毫无意义。正如我在第三章中指出的那样，避免投资亏损的公司可以提高你的收益。

为了比较不同增长率的股票，林奇发明了一种称为PEG的比率，定义为市盈率除以增长率。这样，当PEG = 1时，股票的价格大致合理。不过他也强调，他更愿意去买一家每年增长20%、市盈率为20倍的公司，而不是一个每年增长10%、市盈率为10倍的公司。[2]

由于市盈率衡量的是投资者收回投资成本所需要的时间，我们可以用它对不同行业的股票进行估值比较。这就是为什么它是股票估值最重要也最受青睐的指标。

市盈率可能会受到非经常性项目的影响，如部分业务被出售、一次性资产减值等。这些可能会显著影响本年度或季度的报表收入，但以后不会重复出现。投资者在使用市盈率评估公司时，需要注意这一点。

投资者还必须意识到，当一个公司的基本业务存在周期性和不可预测性的时候，市盈率可能会误导投资人。所以，市盈率还是最适用于收益稳定的公司。一个周期性的公司在商业周期的高峰往往拥有较高的利润率，而在商业周期谷底的利润率经常低得可怜，甚至出现亏损。它们的收益在周期的高峰达到极致，其股票市盈率往往偏低。一个很好的例子是西南航空公司（Southwest Airlines），按市值排名它是美国第二大航空公司，其1998—2016年的市盈率反映在图9.2中。

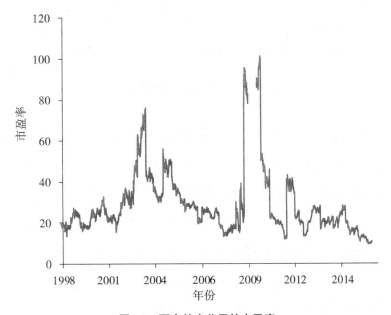

图9.2　西南航空公司的市盈率

显然西南航空公司的市盈率在2003年和2009年的周期谷底中是最高的,虽然其股价已经从之前的峰值跌落了一半。截至2016年9月,该公司的股票似乎很便宜,因为股票的市盈率低于10倍。但最近的高收益缘于低油价和不错的整体经济状况,如果油价上涨,或经济增速放缓,高收益可能不会持续。其历史每股收益如图9.3所示。

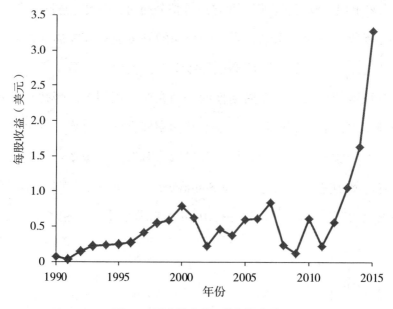

图9.3 西南航空公司的每股收益

显然,随着油价开始下滑,西南航空公司2014年以来的盈利大幅度偏离了历史趋势。虽然股价接近历史最高点,但步步攀升的利润让市盈率显得很低。其实为周期性公司估值的更好比率是市销率。

EV/EBIT和EV/EBITDA是和市盈率相仿的其他两个比率,其中EV代表公司价值,EBIT代表息税前利润,EBITDA代表利息、税收、折旧和摊销前的收益。可以说,它们是比市盈率更好的估值比率,因为公司价值才是投资者支付的真实价格,因为作为公司股东,他或她拥有公司现金，但仍然要对公司的债务负责。此外，利息和税收之前的收益不太容易被公司的会计行为所操纵。

彼得·林奇盈利线

这个方法和市盈率有关。林奇喜欢把价格线和15倍于前12个月收益的盈利线叠加，并比较两条线的相对位置。他把这条线称为"盈利线"，现在大家称之为彼得·林奇盈利线。价格线和盈利线的图表被称为彼得·林奇图（而这个名称是由GuruFocus.com推广开来的）。在《彼得·林奇的成功投资》（*One Up on Wall Street*）一书中，林奇使用了许多这类图表来说明股票的估值。他写道：

> 快速判断一只股票的价格是否过高的一个方法是将价格线与盈利线进行比较。如果你在股价大幅低于盈利线时购买了熟悉的成长型公司，例如Shoney's、The Limited或万豪，而在股价大幅高于盈利线时卖掉，那么你的回报应该很不错。[3]

我们来看一个彼得·林奇图的例子：通用动力公司（General Dynamics Corp.）的彼得·林奇图（见图9.4）。

我们可以看到，每当通用动力公司的股价下跌到盈利线以下，它总是可以回到盈利线，甚至跑到盈利线以上。就像林奇所说的，投资者可以在通用动力公司的股价掉到盈利线以下时购入，在价格上升到盈利线以上时卖出，这样会有相当不错的回报。其实这种策略可以应用于许多股票，特别是长期盈利趋势稳定的股票。

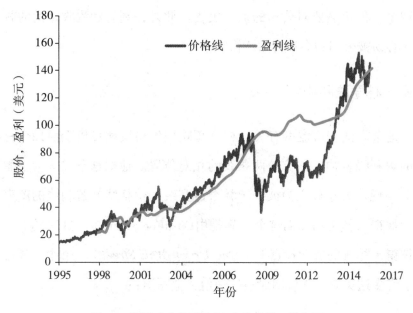

图9.4 通用动力公司（GD）的彼得·林奇图

但彼得·林奇图也有其局限性，因为其盈利线被固定在15倍市盈率，这对于像西维斯、百事可乐、强生（Johnson & Johnson）和宝洁（Procter & Gamble）这样的蓝筹股也不适用。更好的盈利线是用市盈率的历史中位数而不是固定的15倍。这个历史中位市盈率可能会因不同的股票而有所不同。例如，在西维斯的情况下，更好的盈利线在18.6倍市盈率。市盈率15倍的盈利线几乎总是低于价格线（见图9.5）。

我们适度拉高了合理的盈利线，是因为过去十年的利率远低于林奇在富达（Fidelity）时期的利率。较低的利率提升了所有股票的名义估值。

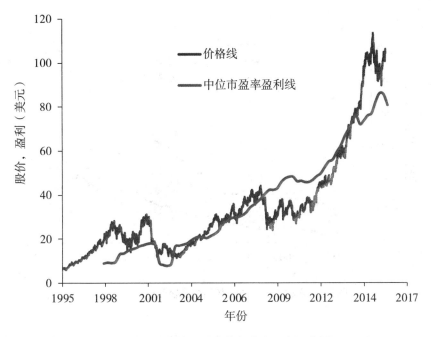

图9.5 西维斯（CVS）的历史中位市盈率图

除了使用基于合理市盈率的盈利线之外，我们还可以用其历史上的最低和最高市盈率画出盈利线。例如，图9.6还是西维斯的市盈率图，两条盈利线分别基于2004年以来的最低市盈率10.4倍和最高市盈率27倍。显然，如果一个投资者在价格线接近最低的市盈率盈利线时买入，在价格线接近最高的市盈率盈利线时卖出，收益会非常好。

顺便说一下，你可以使用GuruFocus网站上的互动图表功能，查找所有历史市盈率、每股收益和彼得·林奇图以及其他许多图表。

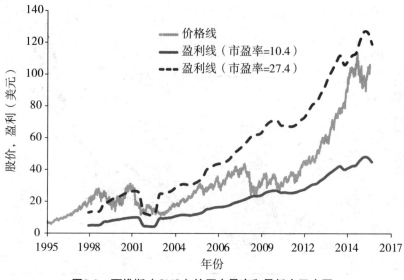

图9.6　西维斯（CVS）的历史最高和最低市盈率图

我想重申一下，彼得·林奇图和它的衍生图（以市盈率历史中位数为基准的盈利线）对于具有稳健增长和盈利的公司非常有用，林奇把这些公司称为稳健增长型公司。[4]这些公司往往集中在诸如消费品、医疗保健和公用事业等领域。消费者对这类产品或服务的消费习惯往往不太受总体经济状况的影响。

你最好别把彼得·林奇图用在周期性行业，比如工业、化学制品行业、耐用品行业等。在西南航空的例子中，似乎股价还有上涨的空间，因为目前的股价（虽已是历史新高）远低于历史中位数市盈率为23.25倍的盈利线（如图9.7所示），但如果油价上涨或大众旅行状况变差，其盈利线可能会快速下滑。对于周期性行业中的公司来说，市销率在考量相对于历史数据的估值方面会更加准确。

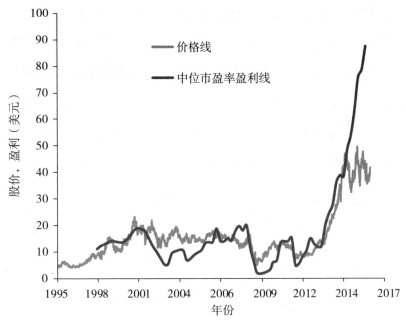

图9.7　西南航空（LUV）的历史中位市盈率图

市销率

如果你想把股票价格与其历史估值或同行业中的其他股票估值做比较，市销率是一个很好的估值指标。和市盈率不同，市销率不能告诉投资者花费多长时间才能收回股本，它给出的只是相对估值。市销率是为周期性公司估值的一个很好的工具。有一些周期性公司，随着时间的推移，其利润率会回复到平均水平，对这类公司来说市销率就更适用。让我们再来看一下西南航空的例子，尽管它的盈利像过山车一样大起大落，但公司的销售额却在稳定上升。如果我们在彼得·林奇图中，将市盈率中位数盈利线替换为市销率中位数销售线，该图就会清楚地显示何时是买入和卖出股票的好时机（如图9.8所示）。

在21世纪的头几年，该股票的交易价格远远高于市销率中位数销售线。那些在2000年买入的投资者花了将近14年时间才扳平，而那些在2009年或2011年股票价格远低于市销率中位数销售线时买入的投资者在以后的5年内获得了超额收益。所以，对于此类公司，以市盈率中位数为基准绘制的图形无法提供明确的方向。目前，西南航空以其历史市销率中位数方法来衡量，处在合理价位。

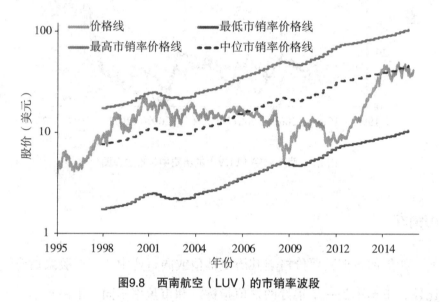

图9.8　西南航空（LUV）的市销率波段

与盈利线类似，我们可以在某个时间段将最高市销率销售线和最低市销率销售线一同画出来。这些曲线就形成了历史市销率的波段。借鉴波段信息，投资者可以清楚地知道股票在什么时候被低估，这也正是购买的好时机。

这种市销率波段方法适用于表现稳定的公司，也适用于周期性公司。图9.9图和9.10中显示了强生和亚马逊的市销率波段。制药商强生的股价一直在波动，约为其每股收入的3.5倍；在线零售商亚马逊的股价大致为其每股收入的2.25倍。

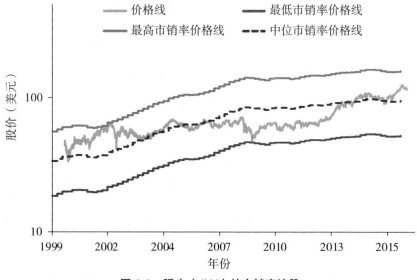

图 9.9　强生（JNJ）的市销率波段

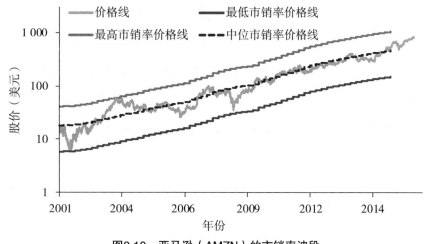

图9.10　亚马逊（AMZN）的市销率波段

市销率波段方法对于永久性下滑的公司而言不起作用，你甚至可能会看到其市销率一直下降到零。而且对于石油公司、钢铁公司、金矿公司等大宗商品生产商而言，市销率波段方法也不适用，这些我将

在本章后面再做讨论。

如果把市销率方法用于整个股票市场,我们就可以评估整体市场估值和预期收益。在这种情况下,价格是所有交易股票的总市值,销售额则是国内生产总值。沃伦·巴菲特就是用它来估算整体市场估值并预测未来收益的。下一章我会详细解释一下。

市净率

与市盈率和市销率等估值比率(侧重于价格与盈利能力的关联)不同,市净率衡量的是股票相对于公司股权的估值。这个比率并没有直接涉及公司运作,它比较的是公司的价格和相关资产。

本杰明·格雷厄姆喜欢将股票价格与股票的账面价值进行比较,并购买低于账面价值出售(即市净率低于1倍)的股票。市净率方法适用于重资产公司和盈利能力主要依靠自身有形资产的公司。

对于轻资产公司,如软件公司或保险代理公司,市净率方法不太适用。而对于像穆迪和汽车地带这样的有负资产的公司,市净率方法也是不适用的。

市净率方法最适合金融类公司(例如银行和保险公司),下面我会进行更详细的解读。

市净率和金融类公司

对于金融服务公司如银行和保险公司,最有用的估值参数是市净率。金融类公司遵循按市价计价的会计准则。它们被要求以市场交易的合理价值记录其资产。而金融类公司的大部分资产在市场上交易并具有市价。资产负债表中的资产与负债体现了它们当前的市值。因此，金融类公司资产负债表上的股东权益与当前市场上该公司资产的净值非常接近。

我们也可以尝试根据盈利能力来对银行或保险公司进行估值。但对于金融类公司来说，很难区分计算所需的各项数据：流动资金的变化、资本支出、债务，等等。此外，银行和保险公司的真实收益可能与报告中的收益有很大不同。银行贷款损失准备金与保险公司的损失准备金相当主观，经常会影响报告的收益。而且，这些公司当前业务活动的真实收益通常是未知的，一直到多年后，当经济状况不佳时，这些贷款违约或保险损失才会凸显出来。

你可能会质疑我们只关注账面价值，而忽视了金融类公司的盈利能力。实际上，大部分的盈利能力已经反映在资产的价格上，无论是债券、股票、抵押贷款还是其他有价证券。债券价格可能高于或低于其面值，这取决于利率和信用质量的变化。抵押贷款从一家银行出售给另一家银行，成交的价格则反映了银行赚取利润的能力。

因此，账面价值是衡量金融类公司净值的一个相当准确的标准。这就是为什么巴菲特每年都在致股东信函的一开头就提到伯克希尔的每股账面价值。特别是在伯克希尔的早期阶段，其保险业务占该公司业务的一大部分，而巴菲特认为账面价值是该股票内在价值的良好体现。不过由于伯克希尔这些年收购了较多的大型非保险类公司，如伯灵顿北方圣达菲铁路公司、伊斯卡尔（Iscar）、中美能源（Mid-American Energy）等，使其内在价值偏离了其账面价值。图9.11画出了伯克希尔的最高、中位数和最低市净率价格线形成的历史市净率波段，我们进而把股票价格和这些波段进行比较。该图清楚地表明了股票的估值，同时也告诉我们何时是买入的好时机。

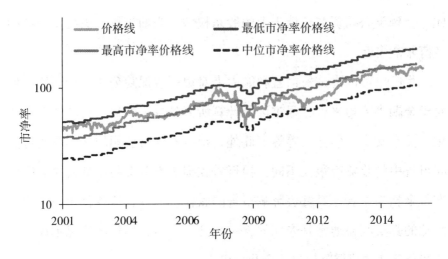

图9.11 伯克希尔的市净率波段

在评估金融类公司的账面价值时，请特别注意它的账面的质量。虽然账面价值主要来自资产的当前市场价值，但市场对公司相关资产价格的评估可能会出现严重偏差。当银行贷款违约开始超过预期，或保险损失高于承保预期时，其资产的市场价格可能会快速下跌。这种状况在2008年金融危机期间大面积爆发，大家也许还记得迈克尔·博里（Michael Burry）博士是如何依靠做空房产抵押贷款证券而一战成名的。

因此，在投资金融股时，关键的因素是账面的质量、账面价值的增长和市净率。归根到底，具有高质量账面和低市净率的公司更具吸引力。

大宗商品生产商

前面提到的这些估值比率对于大宗商品生产商，以及为其他公司或消费者提供产品的公司来说都不太适用。这些产品包括石油、天然气和金属（如钢铁、铜、金）等，还包括鸡蛋、玉米和其他谷物。这些公司通常是重资产公司，而其资产本身很好地反映了其盈利能力和净值。

虽然大宗商品生产商的产品在生产过程和消费形态方面多种多样，但它们具有一个共同的元素：商品价格是不可预知的，可能上下波动，不受这些公司的控制。大宗商品生产商的生产成本与其产品的价格相对独立。因此，它们的收入和利润都高度依赖于它们生产的大宗商品的价格。

我们可以看出，即便是产品组合和地理分布相对多元化的的埃克森美孚公司（Exxon Mobile），情况也是如此。图9.12显示了该公司的季度净收入和原油价格之间的关系。

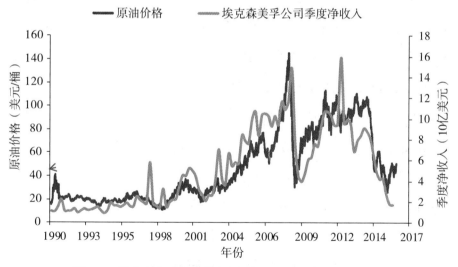

图9.12　埃克森美孚公司的季度净收入和原油价格之间的关系

想要准确为大宗商品生产商估值非常困难，因为它们的收入和利润都强烈依赖于飘忽不定的大宗商品价格。试图投资大宗商品生产商就更是难上加难，因为大宗商品周期不一定与经济和股市周期同步。

有时可能大宗商品价格很低，大宗商品生产商的效益也不好，但它们的股价却能持续上涨。

市盈率和市销率等比率不能很好地反映出这类公司的相对估值。同样，像折现现金流这样的估值方法也不能准确地估算其内在价值，因为它的结果高度依赖于过去和未来大宗商品的价格。即使前一周期内的平均值也不能用于预测下一周期的平均值。这样一来，基于对大宗商品未来价格的不同预测，任何对公司内在价值的估值都会生成一个很宽的价值区间。例如，根据《巴伦周刊》（Barron's）提供的数据，华尔街分析师对美国钢铁公司（United States Steel）股票有18个不同的价格目标，高至37美元，低至7美元，而股票交易价为16美元。[5]

给大宗商品生产商估值的一个较为有效的方法是看股票的席勒市盈率。席勒市盈率由耶鲁大学教授罗伯特·席勒（Robert Shiller）提出，用于给标准普尔500指数估值。[6]我们也可以用这个方法给个股估值。我们把过去十年的收入，剔除掉通货膨胀因素之后调整为今年的收入，然后用股价除以调整后的收益平均值。它平滑了整个周期的大宗商品价格和利润率波动，并给出了更加准确的股票估值。

在历史估值方面，市净率对大宗商品公司来说也是相对较好的估值指标。原因是，与收入和利润不同，它的账面价值相对稳定。一般来说，大宗商品价格在长期中受市场供需的驱动。而大宗商品生产商不会将暂时的低价或低利润看作是资产减值的触发因素，所以也就不会影响股票的账面价值。

我们拿雪佛兰（Chevron）的市盈率、市净率和席勒市盈率来举一个例子（如图9.13所示）。雪佛兰的股票不能用常规市盈率进行估值，因为其收益现在是负数。它的市盈率曾高达150倍，因为它的收入自

2015年起大幅下降。这显然对估值没有意义。相比之下，市净率和席勒市盈率则对股票的历史价值做出了正确的评估。

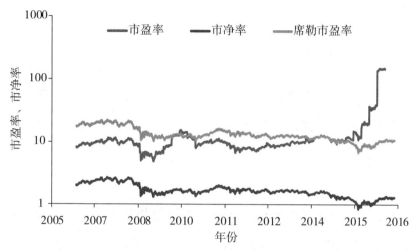

图9.13 雪佛兰（CVX）的市盈率、市净率和席勒市盈率

当大宗商品公司的市净率和席勒市盈率接近当前周期谷底的时候，一般都是购买的好时机。筛选对象应该是那些拥有强健的资产负债表、较高的利润率、足够的应急资金储备，以及当前市净率接近历史低点的公司。不过很少有大宗商品公司的股票适合长期持有。抛售时间应当选在市净率和席勒市盈率处于本次顶峰高端的时候，这通常也是大宗商品价格处于周期高位的时候。

巴菲特在中石油（PetroChina）这只股票上的操作基本遵循了上面的做法。2002年，当油价为每桶20美元时，中石油股票的市净率差不多是1倍，巴菲特在同一年买入了其股票。2007年，当油价攀升至每桶70美元以上、市净率为历史最高点4倍的时候，他卖掉了中石油的股票。截至2016年9月，中石油的市净率约为0.7倍。可以看到，他卖出该股票的时机近乎完美。但随后，在2008年石油价格创历史新高时，巴菲特用了一部分在中石油赚到的钱买入了美国石油生产商康菲石油公司（ConocoPhillips）的股票。这是他几个月后在2008年致股东信件中提到的：

> 当石油和天然气价格接近高峰时，我购入了大量的康菲石油公司的股票。我绝对没有想到下半年能源价格会大幅下滑……即便价格从此上涨，这笔糟糕的交易也已经困住了伯克希尔数十亿美元。[7]

更近的一个例子则和亿万富翁、激进型投资者卡尔·伊坎（Carl Icahn）有关。2013年，当时石油价格徘徊在每桶100美元左右，他买进了合同钻井商Transocean公司的股票。随之而来的石油价格崩溃使公司的钻机大量闲置，导致收入大幅下滑。卡尔·伊坎在损失了80%左右的投资后抛掉了手里的股票。千万留神，如果你选择在价格周期的高峰阶段购买大宗商品公司的股票，大宗商品市场将会对你毫不留情。

计算内在价值

计算内在价值，是指投资者试图估算整个公司的绝对价值，并将估值与股价进行比较。如第五章所述，公司的内在价值等于该公司从现在直到其寿命终结为止产生的现金流总和的折现值。现金流可以通过业务运营的收益来实现,也可以通过出售公司资产来实现。因此,内在价值可以根据公司的盈利能力或公司拥有的净资产来计算,也可以利用盈利能力与资产的组合进行估算。估值方法包括:

- 现金净额
- 净净营运资本
- 流动资产净值
- 账面价值
- 折现现金流(基于盈利)
- 格雷厄姆指标
- 盈利能力指标
- 彼得·林奇合理估值
- 市销率中值指标

前四个指标(现金净额、净净营运资本、流动资产净值和账面价值)都只基于公司资产本身。我在第二章的深度价值投资部分对它们进行过详细的讨论。其中,前三个指标计算的是公司资产遭遇甩卖时的价值,不考虑公司的其他资产和盈利能力。

在第五章中我们对折现现金流(基于盈利)做过深入讨论。我将在本章讨论其他几种方法。

格雷厄姆指标

格雷厄姆指标是以"价值投资之父"本杰明·格雷厄姆命名的内在价值计算方法。计算公式如下:

$$格雷厄姆指标 = \sqrt{22.5 \times 每股账面价值 \times 每股收益}$$

也可以这样计算:

格雷厄姆指标 $= \sqrt{22.5 \times \text{净收入} \times \text{普通股股东权益} / \text{总股数}}$

实际上格雷厄姆并没有公布这样的公式。但在《聪明的投资者》一书中,关于选择标的,他这样写道[8]:

当前的价格不应超过过去三年平均盈利的15倍。

当前价格不应超过最近一次报表中账面价值的1.5倍。但是,如果盈利乘数低于15倍的话,资产这边的乘数可以适当放宽一些。作为一个经验法则,我们建议两个乘数相乘以后不应超过22.5(这相当于盈利的15倍、账面价值的1.5倍,也可以是盈利的9倍、资产价值的2.5倍,等等)。

与折现现金流等估值方法不同,格雷厄姆指标完全取决于公司在最近一年的业绩。它考虑到了公司当前的资产和盈利能力,但没有考虑收益增长。

一般来说,格雷厄姆指标是评估股票的一种非常保守的方法。但是,由于只看公司的最新收益和账面价值,对于周期性公司来说,这种方法并不适用。而对于非周期性的制造业公司(它们主要是靠制造有形产品来赚取利润),用格雷厄姆指标来估值的效果就比较好了。因为该指标不考虑增长因素,所以会低估成长型公司。还有,该指标不适用于账面价值为负值的公司。另外,它还可能会低估轻资产公司的价值。

盈利能力指标

盈利能力指标(earnings power value, EPV)是哥伦比亚大学价值投资教授布鲁斯·格林沃尔德（Bruce Greenwald）发明的内在价值计算方法，他认为贴现现金流模型不可靠，因为它主要取决于对未来盈利能力的假设、资本成本和未来盈利增长率。[9] 在盈利能力指标方法中，他试图从公司的盈利能力中寻找与其等效的资产价值。公司的企业价值等于正常化收益除以资本成本。公司的盈利能力指标等于企业价值加上公司的净资产。

为了消除商业周期引起的波动，我们会在至少一个完整的商业周期中对过去的利润率、收入和税率进行平均来计算正常化的盈利能力指标。注意，这个模型不考虑增长。

与折现现金流模型相比，盈利能力指标主要使用现有的财务数据进行计算。不需要假设增长率和增长的年数。但是，和任何计算内在价值的方法一样，假设的准确性会直接影响计算结果的准确性。在计算盈利能力指标的时候，对资本成本的假设会对计算结果产生巨大影响。对超额折旧和摊销的估计也是主观的。

如果一家公司债务沉重，我们可能会发现其盈利能力指标是负数，就像联盟数据系统公司（Alliance Data Systems）一样。该公司的收入和盈利保持着持续的增长。但截至2016年6月，它有将近120亿美元的债务。其债务利息支出几乎占其营业收入的三分之一，即使是在目前历史最低的利率环境下。由于债务沉重，其盈利能力指标仍然是负数。与此同时，公司的利润率看似已经开始下滑。你还记得我们提到的那些警告信号吗？

彼得·林奇合理估值

在第五章中，我解释了林奇合理市盈率的经验法则：成长型公司的合理市盈率与利润增长率大致相同。这可以用来估算成长型公司的合理价格。我们得出：

合理市盈率＝利润增长率

请注意，这里我们忽略了增长率的百分比符号。因此，如果一家公司每年增长20%，我们使用20而不是0.2作为利润增长率的数值。因此：

彼得·林奇合理估值＝利润增长率 × 收益

我们需要在此算法中使用长期利润增长率。在增长率计算中，我更喜欢使用利息、税收、折旧和摊销前的收益（EBITDA）增长率。因为这更准确地反映了公司业务运营的增长，而不会被其他噪声所扭曲。这些噪声包括对折旧和摊销的估算失准，以及由于税务事宜或已终止业务等其他原因而导致的非正常的收益或亏损。

彼得·林奇合理估值方法适用于年增长率在15%和25%之间的成长型公司。不过由于现在的利率远低于林奇写那本书时的利率，该方法可能会低估慢速成长型公司的合理估值。

我想提醒大家彼得·林奇合理估值与彼得·林奇盈利线所暗示的估值不同。在彼得·林奇盈利线上，市盈率始终保持在15倍；而在合理估值计算中，市盈率等于利润增长率，可以高于或低于每年15%。

市销率中值指标

市销率中值指标，是指我们假设股票的合理价格是其历史市销率的中位数。为了平滑经营周期所产生的影响，我们会考察股票的长期历史价格/销售比例，并找出该期间的中位数。在GuruFocus的计算中，我们使用了10年的时间。

市销率中值指标的计算公式如下：

市销率中值指标＝年销售额／流通股数 × 10年市销率中值

我们使用市销率，而不是市盈率或市净率的原因是公司的收益或账面价值可以进入负值区间，而市销率与利润率无关，可以应用于更广泛的情形。此外，公司的收入对商业周期的敏感度低于其利润率和利润。

在讲市销率的时候我们曾提到，对于很多公司，股价历来与它的收入呈现强烈的相关性。例如，制药商强生公司的股价在过去23年中一直在每股收入的3.5倍左右。而对于重型设备制造商卡特彼勒（Caterpillar）来说，这个数值约为0.95倍；对于网络零售商亚马逊来说，该数值为2.25倍。这种强相关性可用于估算股票目前的合理价格。

市销率中值指标方法适用于具有不变利润率的表现稳定的公司，以及长期利润率在一个狭窄区间内波动的周期性公司（例如卡特彼勒）。但是，如果公司的利润率偏离过去的长期趋势，比如公司的利润率下降，那么这种方法可能会高估合理价格；相反，如果利润率上升，那么它会低估合理价格。举个例子，如果亚马逊云服务的持续增长速度超过公司其他部门，因为它更加有利可图，亚马逊的整体利润率很有可能会提高，从而使其股价高出每股收入2.25倍的长期平均水平。

***

千万不要为这些形色各异的评估公司价值的方法而感到头痛。有一次，我向一个投资人讲解这些模型，他说，他希望有一种放诸四海而皆准的方法。不幸的是，估值没有那么简单。但是，如果你知道这些方法中都包含了什么，都适用于哪些公司，那倒也不是很难。

在查看这些数字时，请仔细考察公司的基本业务和业务绩效。需要准确判断公司的商业价值是以其盈利能力为主还是以资产为主，业务是否在增长，以及增长的可持续性，然后使用最适合的估值方法。

如果一家公司不具有盈利能力，在整个商业周期内无法产生正的自由现金流，这就不是一家靠谱的公司，充其量也就值它资产的清算价值。如果公司能赚取利润，那么现有股东绝不情愿以其清算价值出售。公司产生现金流的能力就是它的价值所在。

我们可以通过对某些家喻户晓的公司估值来了解这些方法。这是2016年9月的计算结果，假设折现现金流的贴现率为12%，而盈利能力指标的资本成本为9%。结果如表9.1所示。

表9.1 对于8家知名公司用不同估值方法的计算结果

（单位：美元）

公司	价格	账面价值	格雷厄姆指标	盈利能力指标	折现现金流	林奇合理估值	市销率中值
苹果	112	23	65	69	244	171	136
亚马逊	829	35	49	30	43	101	508
通用动力	156	36	0	81	101	107	111
谷歌	775	180	292	259	709	269	736
微软	57	9	17	32	24	0	43
网飞	97	6	6	9	0	0	44
沃尔玛	71	25	45	83	55	0	79
富国银行	44	35	50	-8	0	0	44

第九章 如何为公司估值

如前一节所述，账面价值是对银行和保险公司的合理估值。在这些公司中，只有富国银行——美国最大的银行之一——的交易价格和账面价值接近。所有其他公司的交易价格远远高于它们的账面价值，这也都合乎情理。格雷厄姆指标和盈利能力指标虽然都使用了资产和盈利能力的组合，但都不考虑增长因素。它们都低估了诸如苹果和谷歌这类快速成长型公司或像微软这样的轻资产公司的价值。通用动力公司因为具有负的账面价值，其格雷厄姆指标无法计算。

折现现金流只适用于在可预见的未来一直持续增长的公司。在这些公司中，苹果、谷歌和通用动力公司表现出了持续的增长。按照折现现金流的计算模型，苹果的价值似乎被市场低估了，而谷歌、通用动力和沃尔玛的价值都被市场高估了。

这些估值方法都无法解释亚马逊和网飞高昂的股票价格。就算我们采用以过往股票价格为基准的市销率中值指标，也还是会低估它们的交易价格。

为了进一步了解这些估值方法，我们可以再看看巴菲特从2009年以来为伯克希尔·哈撒韦公司收购的这三家上市公司所支付的价格。伯克希尔在2010年收购了伯灵顿北方圣达菲公司，2012年收购了路博润（Lubrizol）公司，2016年收购了精准铸件（Precision Castparts）公司。表9.2列出了巴菲特支付的价格以及公告期间不同方法计算的估值。如果我们假设巴菲特为收购支付的是合理价值，那么账面价值法、格雷厄姆指标和盈利能力指标就都显得过于保守。好的公司的股票以这些价格是买不到的。但折现现金流模型和彼得·林奇合理估值法都对这些公司的价值进行了相当合理的估计。

表9.2 对于三家公司用不同估值方法的计算结果

公司	日期	收购价格	账面价值	格雷厄姆指标	盈利能力指标	折现现金流	林奇合理估值	市销率中值
伯灵顿北方圣达菲	2009年9月	100	35	68	17	91	103	69
路博润	2011年9月	135	34	65	52	114	142	64
精准铸件	2015年12月	250	81	31	79	249	169	210

请记住，在收购公告发布之前，这些公司的股票交易价格比收购价格低30%到40%。那就是当我们比较股票价格和折现现金流模型的计算结果时，我们能够依赖的安全边际。如果我们将这种想法应用于表9.1和表9.2中的这些公司，除了苹果之外，没有一家公司拥有相对于折现现金流模型的安全边际。

表9.3总结了这些估值方法的计算和适用类型。

表9.3 不同估值方法的总结

估值方法	资产	盈利能力	综合	是否考虑增长	适用类型
现金净额	x			否	
净净营运资本	x			否	面临清算、无盈利能力的公司
流动资产净值	x			否	
账面价值	x			否	银行、保险公司
折现现金流			x	是	收入和利润稳定的公司
格雷厄姆指标			x	否	重资产公司
盈利能力指标			x	否	重资产公司

（续表）

估值方法	资产	盈利能力	综合	是否考虑增长	适用类型
彼得林奇合理估值		x		是	增长快的公司
市销率中值				不适用	盈利稳定、不受经济周期影响的公司

回 报 率

基于回报率的估值方法，顾名思义，考察的是投资资本的潜在回报率。它们虽然不像估值比率或内在价值类方法那样流行，但回报率能够直观地反映出投资者对该投资的预期回报。

基于回报率的估值方法，考量的重点是投资的盈利能力。其主要优点是除了股票，还可以用来比较大额存单、货币市场基金、债券或房地产等替代投资的回报。原则上，投资者应该始终追随能带来最高风险调整回报的资产。

有两种计算股票回报率的方法：盈利收益率和远期回报率。

盈利收益率

盈利收益率就是市盈率的倒数：

$$盈利收益率 = 盈利/价格$$

也就是说，如果一只股票的市盈率是20倍，那么其盈利收益率就是1/20或5%。可以这么认为，一个公司的盈利就是对股东的回报。盈利收益率就是对投资者支付的价格的回报率。但回报不一定是现金。它可能是现金股利的形式，或是通过股份回购、债务支付和业务再投资来提升股票价值。

盈利收益率有时也可以用EBIT/EV，即息税前收益/公司价值来表示。在这个算法里，它用的是EV/EBIT的倒数，而EV/EBIT是我们在与市盈率有关的章节中提到的市盈率替代指标。这种算法的优点是它反映了投资者为整个公司价值支付的真实价格；缺点是，被剔除的利息和税收实际上是股东的实际支出，所以，计算结果只适合用来比较具有相似实际利率和税率的公司。

在盈利收益率的计算中，我们没有考虑公司的业务增长。随着时间的推移，业务不断增长的公司将产生更高的回报，更有价值。这个因素在远期回报率计算中会被考虑到。

远期回报率

远期回报率是唐纳德·雅克曼在其投资理念中用到的一种方法。[10]他将远期回报率定义为正常化的自由现金流收益率加上实际增长率加上通货膨胀率。他把股票视为一种债券，所以用潜在回报率对投资进行估值更为有效，就像债券一样。

远期回报率的计算方法如下：

远期回报率＝标准化自由现金流/价格+增长率

标准化自由现金流是公司在前一个市场周期内自由现金流的平均值。增长率是今后自由现金流增长的速度。如果一只股票的价格偏低或者公司的增长率很高，那么股票的远期回报率就会比较高。

如果我们将计算结果应用于美国零售商，我们会看到如表9.4所示的结果。

表9.4　美国零售商的股票回报率

（单位：%）

公司	盈利收益率	EBIT/EV	远期回报率
好市多	3.5	5.6	11.5
Dollar General Corp.	6.1	10.4	15.3
美元树	3.9	6.0	19.1
塔吉特（Target Corp.）	7.8	10.2	6.0
沃尔玛	6.5	9.0	7.8

研究一下这三个回报率的计算结果，看上去Dollar General似乎比其他公司更具投资潜力，因为其盈利收益率和远期回报率都不错。

盈利收益率和远期回报率方法都可以应用于整体股票市场。其结果可用来与定期存款、货币市场基金和债券的收益进行比较。如果我们拿股票投资和债券投资相比，因为股票投资具有多变性和不确定性，而短期国债的利率几乎没有任何风险，所以投资者通常会在短期债券的无风险利率之上索求一个股票风险溢价。换句话说，利率会从潜在收益率方面影响股市的吸引力。我将在下一章详细讨论市场估值。

***

在本章结束之际，我想指出，投资者不应该对这些估值方法过分痴迷。所有计算都涉及假设。除非公司的基本业务能够按照预期稳健增长，不然这些估值就都是幻影。长期而言，相对于估值，影响投资收益更多的还是公司业绩，除非估值走向极端。总之，我们应该花更多的精力来选择优质公司，并在合理的价位买入。

本章注释

[1] Peter Lynch with John Rothschild, *One Up on Wall Street*, Simon & Schuster paperbacks, New York, 1998.

[2] Ibid.

[3] Peter Lynch with John Rothschild, *One Up on Wall Street*, Simon & Schuster paperbacks, New York, 1998.

[4] Ibid.

[5] Jack Hough, "U.S. Steel Could Rise 50% in a Year," *Barron's*, October 17, 2016.

[6] Robert Shiller, http://www.econ.yale.edu/~shiller/data.htm

[7] Warren Buffett, Berkshire Hathaway shareholder letter, 2008, http://www.berkshirehathaway.com/letters/2008ltr.pdf

[8] Benjamin Graham, *The Intelligent Investor*, Harper Collins, 2009.

[9] Bruce Greenwald, *Value Investing: From Graham to Buffett and Beyond*, John Wiley & Sons, 2004.

[10] GuruFocus, "Investing Great: Donald Yacktman Answers GuruFocus Readers' Questions," http://www.gurufocus.com/news/171597

第十章

市场周期与估值

10

自从创立了GuruFocus，经常有朋友或用户问我，这周/这个月或今年的股市会怎么走。我只能引用J.P.摩根（J.P.Morgan）的话——"它会波动"，因为我想不出更好的答案。

对价值投资者来说，没有什么股票市场，只有可以交易的各种各样的股票。股市走势只是所有个股的集体运动。然而，太多的玩家受到别人在市场上各种行为的影响，这些行为交织在一起就形成了市场上一股股的潮流。另外，随着越来越多的投资者开始买卖市场指数的交易所交易基金（ETF），而不关注交易所交易基金中的个股，大量的股票往往会一起向同一个方向运动。这可能就是人们谈论的股市大势。

虽然我不知道短期内市场会往哪儿走，但这些年我还是摸索出了一些股票市场的特质，这些特质对于本不重视整体市场的价值投资者来讲，仍然可以起到很好的借鉴作用：（1）长期而言，股市总会上涨；（2）股市有自己的周期；（3）如果当前市场估值较高，未来的回报就会较低，反之亦然。很好地理解这些原则，会让你的头脑保持清醒，特别是在市场走向极端的时候。

长期而言，股市总会上涨

长期而言，股市作为一个整体总会上涨。这似乎很明显。但是每当股市暴风雨来临，投资者往往会忘记这个事实。越是在艰难的时期，投资者越是需要信心和乐观。股市的走向只不过是直接或间接地为我们提供生活必需品的这些公司的总市值的起伏。随着时间的推移，由于人口的增长和生活水平的提高，这些公司将会生产更多的产品并提供更多的服务。因为通货膨胀的存在，这些产品的平均价格将会上涨。这些公司的总体收入和利润将会增加，从而提升市场的总体价值。

有时，总体市场价值会下降，有时还会下降不少，或者在一段时间内徘徊不前。没错，股市大跌可能会很痛苦。媒体会让你觉得世界末日即将来临，一切都会归零。但是，如果我们回头看看就会发现，每次大跌都是一个投资股市的好机会，会为投资者带来很好的回报。毫无疑问，市场将再次崩盘，但从长远来看，人类将比今天消费更多的产品和服务。整体经济会产生更多的利润，变得更有价值。投资回报与你支付的价格成反比。你支付的价格越低，你得到的回报就越高。股市崩盘时，其他人愿意贱卖手中的股票，而这些股票将来会找回自己的价值，这正是为你带来巨大回报的机会。一句话，在大众争相抛售股票时购买会对你的投资回报产生重大的正面影响。

在18世纪，巴伦·罗斯柴尔德（Baron Rothschild）爵士就是靠市场崩盘发的家。这是他的名言："市场血流成河的时候你只管买就对了，即便你自己的血也在流淌。"约翰·坦普尔顿爵士在美国大萧条期间，把在纽约证券交易所上市的所有价格不到1美元的公司的股票都各买了100股，结果赚得不亦乐乎。

坦普尔顿和巴菲特都预测，到21世纪末，道·琼斯指数将超过1 000 000点。目前，该指数约为18 000点。1 000 000点似乎是一个天文数字，但道·琼斯指数要在2100年达到这个水平，只需平均每年增长4.88%，远低于20世纪该指数的平均涨幅。

当然，大部分阅读这本书的人都活不到2100年。正如约翰·凯恩斯所说："从长期看，我们都死了。"但是我们大家或多或少都能从道·琼斯指数迈向100万点的漫长进程中受益。长期来看，市场总是会上涨。这句话虽然听上去很简单明了，但是当你心生恐惧，觉得有必要采取行动的时候，请不要忘记它。

股市有自己的周期

虽然股市在长远的未来肯定会上涨，但爬升之路绝不会一帆风顺。它的每个周期都可能会像过山车一样急剧起伏，只不过这些周期将会在逐渐更高的位置结束。人们往往会忘记，即使股市现在看似漆黑一片，太阳也终将会再次升起。而每当市场高歌猛进、阳光灿烂的时候，请不要忘记它一定会再次跌落。市场是有周期性的。

霍华德·马克斯将股市比作一个在欣喜若狂和极度抑郁之间摆动的摆锤，即股市是在价格被高估和被低估之间摆动。[1]就像一个物理摆锤一样，市场停留在正中间的时间最少。自第二次世界大战结束以来，已经出现过10次标准普尔500指数下跌20%以上的熊市。此外，股市还经历了24次标准普尔500指数下降10%以上的修正。反过来，我们也经历了同样多的牛市，其中包括标准普尔500指数在不修正的情况下实现了翻番。

股市具有周期性，是因为实体经济具有周期性，这一切归根到底都是由人类行为所驱使的。图10.1显示了标准普尔500指数、美国企业税后利润率以及第二次世界大战后的经济衰退期。显然，美国公司的利润率是有周期性的。公司的利润率会不断经历成长和萎缩的周期。利润率下降通常与经济衰退有关，它通常会导致股市下跌。自第二次世界大战以来，美国经济已经经历了11次衰退，几乎每一次都触发了熊市。在经济衰退期间，利润率下降，收益偏低，不良企业破产，很多不错的企业也不得不削减员工数量，以应对营收和利润的下降。坏消息满天飞，投资者经济状况不好、消极悲观、无心投资，股市狂泻。

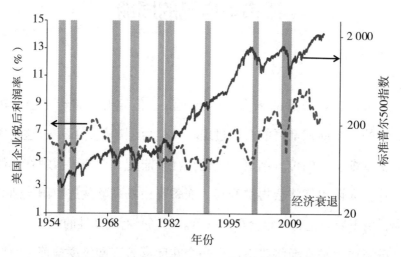

图10.1　标准普尔500指数、美国企业税后利润率以及第二次世界大战后的经济衰退期

然而，市场总是会涨回来。在经济衰退期和熊市期间，市场估值偏低，相对于充足的投资机会，去竞争这些机会的投资资本却不多。于是这些投资的潜在回报变得很高。注重价值的投资者会意识到机会来了，开始投资。然后就会有其他一些勇敢的投资者加入，眼看着早期的投资者赚到了钱，大批股民会觉得暴风雨已经过去，于是开始跟进。市场价格继续攀升，越来越多的资本像洪水一般追逐回报。随着价格的上涨，潜在的回报会减少。市场被高估，风险被低估。这种上升的势头会一直持续，直到广大投资者发现他们的投资遭受到了意想不到的损失，然后下行周期开始。如此周而复始，循环往复。

作为投资者，我们必须记住这种周期的必然性，并且了解我们在周期中的位置。当市场上涨、投资回报乐观时，市场价值可能被过度高估。而市场价值被高估通常伴随着资本投资过剩和企业产能过剩。市场估值过高的时候，股价对坏消息很敏感。企业运营过程中的各种坏消息容易引发市场低迷。然后市场估值将向它的平均值移动，也就是说，摆锤开始向另一个方向（甚至另一个极端）摆动。

图10.1的虚线所表示的企业利润率，是2009年开始的当前经济周期的良好指标。从2011年到2013年，我们看到利润率曾一度高于10%，达到峰值。截至2016年10月，利润率的位置在8%左右，呈下降趋势。

市场估值

考量市场的另一个重要参数是整体市场估值。与个股一样，整体市场也可以用市盈率和市销率来衡量。但就像周期性公司一样，整个实体经济都是周期性的。在经济衰退期间，利润率偏低，盈利低迷。普通市盈率给出的是市场估值的虚假信息。耶鲁大学教授罗伯特·席勒的周期调整后市盈率（席勒市盈率）则是市场估值的更好指标。席勒市盈率可以在GuruFocus.com上找到，它每日更新（以下链接：http://www.gurufocus.com/shiller-PE.php）。

席勒市盈率的历史平均值为16.7倍。截至2016年10月，该比例为27倍，比历史平均水平高出约62%。现在的情况与金融危机爆发前的2007年秋季大致相同。纵观历史，席勒市盈率只有在大萧条前和高科技泡沫的高峰期超过了现在的水平。不过，过去20年来，除了2009年的股市崩盘之外，席勒市盈率一直没有低于过历史平均水平。

巴菲特衡量市场估值的比率是整体市场的市销率。这里的价格是美国所有公司的市场价值总和，销售额是美国国民生产总值。因此，它是总市值与国民生产总值的比率。巴菲特说这个比率"可能是在任何时刻给市场估值的最佳单一衡量标准"[2]。

因为这是一个市销率，所以它并不直接表明市场是贵还是便宜。但我们可以拿它和历史数据做比较。此外，我们可以用还原平均计算来预测整体市场的未来回报。

在GuruFocus.com的计算中[3]，我们使用国内生产总值而不是国民生产总值作为销售额，因为国内生产总值的更新速度更快。虽然这两个数字具有不同的含义，但它们都衡量了一个经济体的生产水平，数值上的差异很小。而对于总市值，我们使用的是"Wilshire 5000整体价格指数"，而不是所有美国公司的总市值，后者包括了所有上市公司和私营公司。原因是我们可以获得Wilshire 5000整体价格指数的每日价值，而所有美国公司的总市值每季度才更新一次。我们的方法得出的数值，和巴菲特提到的总市值除以国民生产总值的计算结果会有所不同，但是，如果把结果和自身的历史数据相比，我们应该可以得出相似的结论。

图10.2显示了自1971年以来总市值与国内生产总值的比率。我们可以看到，在过去的40年中，这一比例在一个很大的区间内游走。在1982年的深度经济衰退中，最低点约为35%，而在2000年高科技泡沫期间，最高点则达到了148%。市场从1982年的极度被低估上升到2000年的极度被高估。这个比率的历史平均值为78%。截至2016年10月，该比率高于120%，比历史平均水平高出约55%。它高于2007年市场崩盘之前的比率，仅低于2000年的最高点。

图10.2　总市值与国内生产总值的比率

席勒市盈率、总市值与国内生产总值的比率都表明，截至2016年10月，市场被严重高估，但不要忘了利率这个重要的因素。从历史角度看，利率从来没有这么低过。如果利率继续保持在低点，市场可能并没

有看上去那样被严重高估,因为我们的结论都是从历史数据得来的。

企业利润率和市场估值都表明,我们目前正处于这个上升周期的后段,尽管这并不能告诉我们市场何时下滑。在这个周期的这个阶段,投资者需要非常谨慎地采取行动,在经济上和心理上准备好应对可能到来的股市下滑。另外,别忘了更新你的(优质公司)考察清单!

对未来市场回报的预计

虽然我们所做的市场估值无法告诉我们,在短期内经济是否下滑或股市会何去何从,但我们仍然可以基于这些估值,对未来的市场回报做一些预计。而且通过对这些预计的跟踪,我们发现它们的准确度还是很高的。

整个股票市场的未来回报由以下三个因素决定:

1. 业务增长

如果我们来看一个特定的公司,那么这个公司的价值就取决于它可以赚多少钱。公司价值的增长来自其业务收益的增长。公司商业价值的增长会对应着公司股票的升值。放心,市场会认可一个企业的真实价值,这只是迟早的事。

如果我们看整体经济,整个股票市场的价值增长来自所有企业盈利的增长。长期而言,整体企业盈利的增长速度应该与整体经济本身一样快。

2. 股息

股息是投资回报的重要组成部分。股息来自企业的现金收益。在其他因素不变的情况下，原则上股息派息比越高，股息增长率就越低。总之，如果一家公司在收益持续增长的情况下支付股息，那么这些股息便是在业务价值升值之外，对股东的额外回报。

3. 市场估值变化

虽然一家企业的真实价值不会在一夜之间改变多少，但其股价往往会大幅波动。长期而言，股市估值会回归平均值，无论是按市盈率、市销率还是市净率等衡量都是这样。如果当前的估值较高，未来长期回报就会较低。相反，较低的当前估值会对应较高的未来长期回报。

那么，就目前的市场估值水平，我们应该期待怎样的未来回报呢？我们将这三个因素汇总在一起，未来投资回报率可以通过以下公式估算：

投资回报率＝股息率＋业务增长率＋估值变动比率

公式的前两项是比较直观的。至于第三项，如果我们知道时间段（T）起始和结束时的市场比率，就可以计算。如果我们假设起始时的市场比率为R_b，结束时的市场比率为R_e，则估值变动的部分可以这么计算：

$$(R_e/R_b)^{1/T}-1$$

因此，投资回报率等于：

投资回报率＝股息率＋业务增长率＋$(R_e/R_b)^{1/T}-1$

用这个公式，我们可以计算出股市从目前的估值水平R_b可能产生的未来收益。在计算中，我们使用的时间段T是8年，这差不多是一个完整的经济周期的长度。我们假设在这8年内，市场估值将因整个市场周期结束而恢复到其历史平均值（R_e）。如果我们用整体市值和国民生产总值的比率作为整体市场估值比率的话，R_e为78%。

市场未来的预期回报率反映在图10.3中。为了验证这个模型，图10.3中也显示了历史实际回报率。实际回报率是根据Wilshire 5000整体价格指数计算的。例如，为了获得1990年的实际回报率，我们计算了1990—1998年的Wilshire 5000整体价格指数的复合年化回报率。因为2016年的Wilshire 5000整体价格指数是我们能找到的最新数据，所以实际的回报率数据只能计算到2008年。

图10.3 预期回报率和实际回报率

我们可以看到，这个计算方法基本上预测了股市回报率的整体趋势。20世纪70年代和80年代初，计算的回报率高于实际市场回报率。80年代末到90年代末，计算出来的回报率则较低。而这些预期回报率和实际回报率之间的差异可能是由利率波动引起的。20世纪70年代利率上升很快,股市如逆水行舟。20世纪80年代利率开始下降,股市搭上顺风车,回报率高于预期。从20世纪90年代中期开始,以10年期收益率计算的长期利率下降到6%以下。实际回报率便一路跟随预期回报率,两者非常接近。

截至2016年10月,计算显示,未来8年,股票市场的预期年化回报率是0.2%,其中包括股息。这为未来的市场回报率勾勒出了一幅非常苍白的画面。只有在2000年高科技泡沫的高峰期我们才看到过如此低迷的预期回报率。

我们的计算有可能过于保守,因为我们认为估值比率将恢复到自1970年以来的平均水平(也就是78%),而实际回报率与预期回报率之间的比较结果并没有显示出一定会是这样。如果利率继续保持在低点,估值比率可能继续保持在较高水平。如果8年后总市值与国内生产总值的比率仍旧是目前的120%,预期回报率将会高于5%。如果这个比率是历史平均值与现在比率之间的中间值,则预期回报率会略高于2%,这意味着如果从计算中除去股息贡献,则未来8年的投资将不会带来任何回报。

但这并不意味着股市不存在机会。股市将一如既往地周期性运转,永不停息。它现在可能接近了一个极限,而且它有可能会在大众投资者缺乏防备的情况下迅速向另一个方向移动。而这种移动一旦开始,它便会为那些熟知周期并做好准备的人们创造出巨大的投资机会。在2000年网络泡沫的高峰期,市场的预期回报率几乎是零,这在接下来的10年里也确实得到了验证。但在这10年中,经济和市场都经历了两次下滑。这些下滑导致的低迷市场估值让预期回报率大幅度升高,而这些较高的预期回报率在随后的几年里也同样得到了验证。我

们可以肯定的是，市场在未来10年内会再次经历下滑。周期永远不会停止。我相信，将来的某些时刻，市场将再次呈现丰厚的预期回报。

当然，随着股市崩盘，人们购买股票的兴趣会急剧下降。那时，遍地都是坏消息，下滑的势头可能还会持续。可别忘了，就是在这种时候，市场估值已经慢慢变得具有一定的吸引力，市场预期的回报率也开始上升。如果你觉得我说的有点儿道理，但仍需要更多的信心，那么让我们一起来看看企业的内部人士都在做什么。

内部人士交易走势

作为一个整体，公司内部人员（如企业高管和董事会成员）在市场崩盘期间的行为比一般投资者更为理性。这可能并不奇怪。他们更具商业头脑，能够更好地利用公共信息来分析企业。更重要的是，他们管理的是自己的钱。曾经有一个研究发现，内部人士大多是价值投资者。他们是市盈率相对较低股票的净买家和市盈率相对较高股票的净卖家，并且，他们在市场估值高的时候往往会卖出更多，在市场抛售期间会买入更多。1987年10月19日的"黑色星期一"（当时道·琼斯指数下跌了22.6%）后，内部人士大多都在买入（90%是买家）。1987年10月20日，内部人士大举买入，达到了从1975年至1989年的整个研究期间的峰值[4]，也就是说，在这一天内部人士的买入交易比其他任何一天都多。鉴于内部人士对其公司的了解，此次买入从一个侧面告诉我们，市场崩盘是投资人对"黑色星期一"之前两周内股价下跌的不合理反应。因此，内部人员才会迅速采取行动，把握住了时机。

过去10年的数据表明，内部人士的行为和30年前并没有什么不同。内部人士不会在市场抛售大潮中随波逐流。图10.4显示了自2004年以来内部人员每月的卖出交易总数。我们只统计了内部人员在公开市场上的卖出行为。数据中没有给卖出股票的数量或出售金额附加任何权重。

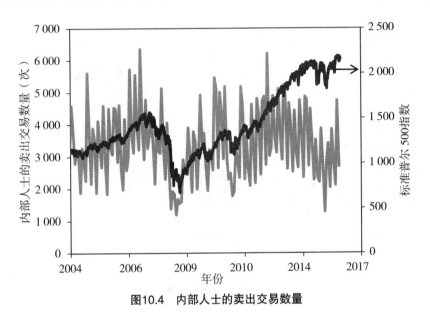

图10.4　内部人士的卖出交易数量

我们把标准普尔500指数也放在图10.4中进行对照。有趣的是，内部人士交易曲线的形状与标准普尔500指数的形状非常相似。在2007年股市最高点的时候，内部人士的卖出交易也达到顶峰。而他们在2008年9月至2009年4月的金融危机最严重的时期、2011年8月美国政府关闭危机时期，以及2015年下半年到2016年年初的市场调整期间则卖出得最少。

内部人士不仅不会在市场低迷时出售，而且会随着市场的下滑，买入更多，这与大众股民的行为恰恰相反。图10.5显示了2004年以来每月公开市场上内部人士买入交易的数量。随着2007年下半年市场开始下滑,买盘活动回升。在金融危机肆虐的这18个月内,内部人士买入交易的数量达到顶峰(而此时也恰恰是内部人士卖出交易数量的最低点)。在2011年美国政府关闭危机期间以及从2015年年底到2016年年初的调整中,也出现了类似的情况。

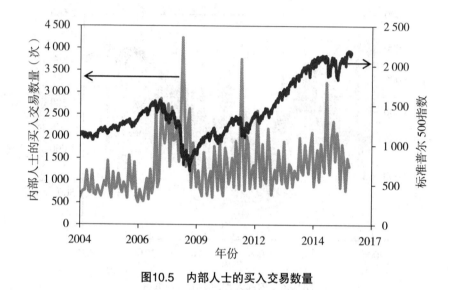

图10.5　内部人士的买入交易数量

这清楚地表明,当市场恐慌导致普通投资者不分青红皂白地抛售手中股票的时候,内部人士作为一个整体正在从容地进行反向操作。他们对自己的公司保持着信心,并购买了比通常更多的股份。这些睿智的购买在接下来的几年中得到了很高的回报。

如果我们画出每月内部人士的买入交易数量与卖出交易数量的比例,我们就会得到图10.6。很多时候,这个比例都不到0.5,这意味着内部人士的买入交易数量不到卖出交易数量的50%。然而,随着市场的下滑,2008年这个比率开始回升;2008年10月,比率上升到1;2008

年11月达到峰值，为2.4；而在2009年3月股市跌到谷底的时候，它再次攀升到1.9。在2011年8月以及2015年8月至2016年1月期间我们还可以看到另外两个高峰。每个峰值都出现在市场大幅下滑之后，而且下跌幅度越大，内部人士的买入数量就越多。

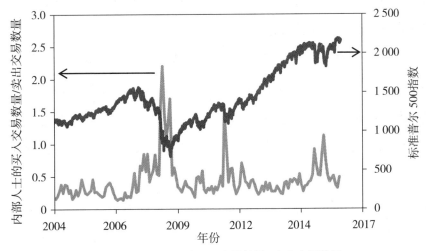

图10.6　内部人士的买入交易数量/卖出交易数量

这些数据显示，在市场崩盘期间，内部人员作为一个整体，其行为非常理性。在股市下跌期间，我们可以拿他们的综合买卖交易比率作为衡量当前市场估值是否具备吸引力的另一个良好指标。

顺便说一句，本章中提到的所有数据——市场估值、预期市场回报率和内部人员交易比率均可在GuruFocus.com上找到，而且每天更新。

***

了解经济周期和市场估值无助于任何人预测短期甚至中期（比如今后一两年）的市场走势。但是它会不断提醒投资者别总往后视镜里看。这样，我们才会对未来有更清晰的认识，能够在市场欣欣向荣，或再次陷入恐慌时保持理性。

至于说到对某个企业的分析考量，熟悉整体商业周期和可能的未来市场回报率，对于评估管理层的资本配置决策，审视会计核算方式是否激进以及评估与养老基金回报假设相关的收益质量都是有用的。

巴菲特称自己是一个自下而上的价值投资者。他很少谈论整体市场。但他对商业周期、利率所扮演的角色、市场估值以及未来的回报和风险有很深入的了解。关于这个话题的一本好书是霍华德·马克斯的《最重要的事》(*The Most Important Thing*)[5]，此书非常值得推荐。

长期来看，我们应该永远保持乐观。但具体到当前商业周期的后期阶段，投资者应该保持防守姿态，为下一轮的市场下行做好准备。大家应该把投资重点放在优质公司上面。这些公司不仅可以经受住股市下跌的严峻考验，而且可以在渡过难关之后变得更加强大。

请记住：就当前来说，只投资优质的公司，比过去10年中的任何其他时候都显得更加重要。

本章注释

[1] Howard Marks, *The Most Important Thing: Uncommon Sense for the Thoughtful Investor*, Columbia Business School Publishing, 2013.

[2] Warren Buffett and Carol Loomis, "Warren Buffett on the Stock Market," Fortune, 2001, http://archive.fortune.com/magazines/fortune/fortune_archive/2001/12/10/314691/index.htm

[3] GuruFocus, "Where Are We With Market Valuations?" http://www.gurufocus.com/stock-market-valuations.php

[4] H. Nejat Seyhun et al., "Overreaction or Fundamentals: Some Lessons from Insiders' Response to the Market Crash of 1987," *Journal of Finance*, Vol. 45, No. 5 (February 1990), pp. 1363—1388.

[5] Howard Marks, *The Most Important Thing: Uncommon Sense for the Thoughtful Investor*, Columbia Business School Publishing, 2013.

后 记

过去这些年，我在股票投资上犯过很多错误，甚至在读了彼得·林奇和沃伦·巴菲特的书之后，我仍然在很多只股票上亏了钱。最让我刻骨铭心的错误是2007年我以170美元的价格买进西尔斯的股票，我当时认为这个价格被极度低估了。几个月后，我突然意识到，西尔斯是一个很烂的零售商，我太太从来没有去西尔斯的店铺里买过任何东西。我以大约相同的价格卖掉了它。尽管我没有在西尔斯的股票上亏钱，但现在想起来我仍然会做噩梦。我在2016年8月写第二章的时候，这只股票的交易价格比14美元稍高，现在（2017年12月）跌到低于4美元。西尔斯以及类似的教训让我更多地去专注并考量一个公司的业务质量，并建立了从此不再投资低质量公司的信念，无论它们被低估到什么程度！

在优质公司的投资上我也犯了一些错误。往往是我持有的时间不够长，错失了像星巴克和丹纳赫（Danaher）这样的伟大公司的长期收益。

当然，成功的例子也有不少：在对伯克希尔·哈撒韦、Church & Dwight、EBIX、汽车地带以及其他几个公司的投资上我做得不错。

我把自己在过去12年里所学到的知识融入了GuruFocus的价值筛选器、交互式图表、相关数据和其他研究工具当中。我想用这本书来分享我的经验和教训。即使您不全职分析股票，我希望您也能从中受益。我也希望我的孩子们能始终坚持正确的投资理念。我还建议他们在大学中学习会计课程。

最后，我想把这本书的精髓总结一下：

（1）买入业绩不佳公司的股票的风险是永久性的资本损失，尽管它们看起来可能很便宜。

（2）优质公司是那些能够以两位数的营业利润率持续盈利、拥有两位数投资回报率，并以两位数的速度增长的公司。

（3）只买优质公司的股票，并以合理的价格购买。

（4）谨防价值陷阱。

（5）不要忘记市场周期。

如果您从这本书中只学到了一点，我想那应该是"只投资优质公司"！认准优质公司，以合理的价格购买它们的股票，并且不断地学习。

不要小看了自己，您其实可以像大师一样投资。